Les Toqués de la Sarthe

Emmanuel Bordeau   Photographies Gilles Kervella

Sommaire

Mise en bouche 5

Fonds de sauce 6

Gérard Chevallier 8
   Auberge des Acacias 9

Pascal Malpezzi 14
   Auberge de La Foresterie 15

Laurent Trouillet 20
   Auberge de La Grande Charnie 21

Xavier Souffront 26
   Auberge des Matfeux 27

Catherine Chasme 32
   Authentique (L') 33

Olivier Boussard 38
   Beaulieu (Le) 39

Jean-Marie Fontaine 44
   Bretagne (Le) 45

Naoko et Miton 50
   Chez Miton 51

Thierry Janvier 56
   Cochon d'Or (Le) 57

Didier Gadois 62
   Fontaine des Saveurs (La) 63

Didier Chapeau 68
   Hôtel Ricordeau 69

Vincent Faucher 74
   Hôtel Saint-Jacques 75

Christian Monthéard 80
   Jardin sur le Pouce (Le) 81

Jean-Yves Herman 86
   Maison d'Élise (La) 87

Valérie Sardo et Marine Clouet d'Orval ... 92
   Mères Cocottes (Les) 93

Camille Constantin 98
   Moulin des Quatre Saisons (Le) 99

Hélène et Laurent Vannier 104
   Panier Fleuri (Le) 105

Damien Corvazier 110
   Parvis Saint-Hilaire (Le) 111

Catherine Beauger 116
   Poésies Palatines (Les) 117

Arnaud Lecossier 122
   Restaurant de Tante Léonie (Le) 123

David Guimier 128
   Restaurant du Dauphin (Le) 129

Valérie Cotton 134
   Vieux Moulin de Neuville (Le) 135

Contacts 140

Glossaire 141

Index des recettes 142

Mise en bouche

22, v'là les toqués !

Ces 22-là, je les connais, je sais qu'ils méritent le nom de cuisinier ; apprenez à apprécier leur cuisine de goût à travers leur portrait et leurs recettes.

Ces 22-là sont aussi un peu fous, rendez-vous compte : ils servent dans leur restaurant des produits frais, ils réalisent leurs fonds de sauce eux-mêmes, ils cuisent la plupart des aliments proposés "à la minute", ils mijotent, ils rissolent, ils rôtissent… Toqués, je vous dis !

Ces 22-là pourraient tout simplement réchauffer, une bonne paire de ciseaux et un micro-onde leur suffiraient, l'agroalimentaire met à leur disposition une gamme complète de produits transformés, allant de l'entrée au dessert et prêts à être réchauffés. Certains de leurs collègues ne se gênent d'ailleurs pas pour le faire. Peut-on encore les considérer comme des cuisiniers ? Sont-ils encore fiers de leur travail ? Je ne le crois pas.

Ces 22-là cuisinent sarthois le plus souvent possible, ils savent que nous avons la chance de vivre dans un département offrant des produits d'exception ; nos marchés sont là pour en attester. Volailles, porcs, bœufs, agneaux, tous labellisés, sans oublier les fruits de nos vergers et les vins du Sud Sarthe. Ce n'est pas un hasard non plus si l'un des plus grands cuisiniers français, Alain Passard, possède un potager en Sarthe qui alimente son restaurant étoilé.

À l'heure où le repas à la française vient d'être inscrit au patrimoine culturel immatériel de l'humanité par l'Unesco, j'ai voulu rendre hommage à ces 22 femmes et hommes qui savent encore ce que "nourrir" veut dire.

Alors soyez fiers de votre département, de vos chefs, de vos produits et régalez-vous en fréquentant leurs établissements ou en réalisant les recettes de nos 22 toqués de la Sarthe.

Certains mots figurant dans les recettes et susceptibles de ne pas être compris sont expliqués en fin d'ouvrage dans le glossaire, page 141. Les photographies illustrant cet ouvrage sont des suggestions de présentation.

Fonds de sauce

Fumet de poisson

Pour réaliser un fumet de poisson, il est important d'utiliser des arêtes de poisson maigre (sole, dorade, cabillaud, bar, merlu…). il faut proscrire les arêtes de saumon, de maquereau et des autres poissons dits "gras" qui donneraient un fumet trouble et moins savoureux. D'autre part, il est important de faire dégorger les arêtes dans l'eau froide afin d'ôter toutes les impuretés, comme les caillots de sang par exemple.

Base pour 1 l de fumet :

1 kg environ d'arêtes préalablement dégorgées
Garniture aromatique
30 g de céleri
30 g de poireau (le vert de préférence)
50 g d'échalote
50 g d'oignon
50 g de carotte (facultatif, cependant, coupées très finement, elles parfument le fumet malgré un temps de cuisson très court)

Bouquet garni :

5 g de thym
1 feuille de laurier
5 g de graines de coriandre
3 g de poivre blanc en grains

Mouillement :

1 l d'eau
20 cl de vin blanc sec

Égoutter les arêtes puis tailler tous les légumes.
Mettre tous les ingrédients du bouquet garni dans un tissu fin de type compresse, le maintenir fermé à l'aide d'une ficelle (cela permet de pouvoir retirer facilement les graines qui peuvent passer dans les trous de la passoire).
Faire suer tous les légumes dans de l'huile d'olive ou de tournesol, y ajouter les arêtes et faire suer quelques minutes, ajouter le bouquet garni et mouiller à hauteur avec l'eau froide et le vin blanc.
Porter le fumet à ébullition et laisser frémir lentement pendant 20 à 25 mn, il est important d'écumer pendant toute la durée de la cuisson afin d'avoir un fumet très transparent, saler légèrement puis passer au chinois.

Bouillon de légumes clair

Base pour 1 l :

1 poireau
30 g de céleri branche
30 g de céleri-rave
50 g de carotte
50 g de champignons de paris
30 g d'échalote
30 g d'oignon

Procédé :

Couper tous les légumes puis les faire suer, mouiller à l'eau froide, porter à ébullition et cuire doucement pendant environ 3/4 d'heure.

Fond de veau brun

Pour 1 l de fond :

1 os de veau plat
1 os rond fendu

Garniture aromatique :

100 g de carotte
3 oignons fendus en deux et brunis
3 poireaux
100 g de céleri branche
2 têtes d'ail fendues en deux
4 cuillères à soupe de concentré de tomate
1 bouquet garni (thym, laurier, branche de persil)

Mouillement :

2 l d'eau froide
75 cl de vin blanc sec
20 g de gros sel

Procédé :

Concasser les os ou demander à votre boucher de le faire pour vous, puis les rôtir au four dans un plat avec de la matière grasse pendant environ 3/4 d'heure à 180°-200°.

Pendant ce temps, tailler la garniture puis la faire suer, ajoutez les os, le bouquet garni et le concentré de tomate. Mouiller à l'eau froide en y ajoutant le vin blanc.

Porter à ébullition et laisser frémir pendant 7 h en prenant soin d'écumer fréquemment. Surveiller le niveau du liquide, celui-ci doit être toujours légèrement au-dessus des os. Si ce n'est pas le cas, compléter en eau.

Passer le jus obtenu et jeter les os et la garniture, réduire celui-ci de moitié. Le fond est prêt pour réaliser une sauce.

Fond brun de volaille

Même principe mais on remplace par des carcasses de volaille que l'on concasse et que l'on fait rôtir au four.

Fond blanc de veau et fond blanc de volaille

Même procédé que le fond brun, à la différence que l'on ne fait pas rôtir les os ni les oignons et on supprime aussi le concentré de tomate.

Deux possibilités s'offrent à vous :

- celle de faire blanchir dans une première eau les os (départ eau froide et os jusqu'à ébullition). Égoutter puis récupérer les os en y ajoutant la garniture et le bouquet garni. Y verser 1 l d'eau froide et le vin blanc. Cuire environ 7 h.

- celle de faire directement le fond sans blanchir préalablement les os.
Cette méthode est préférable car une bonne partie des arômes part avec la première eau. Pour la blanquette, procéder de la même manière, ne pas blanchir.

Auberge des Acacias

Dureil

Quand vous demandez à Gérard Chevallier pourquoi il est cuisinier, il répond que ça reste encore un mystère pour lui, et pourtant son chemin de vie l'a finalement et très naturellement mené là où il est aujourd'hui.

Né dans une ferme à Sarcé, dans la Sarthe, il goûte dès son plus jeune âge aux saveurs de l'authentique. À l'adolescence, il commence à cuisiner et ses professeurs, sentant sa fibre culinaire, lui conseillent de faire un apprentissage. Il attendra 25 ans avant de franchir le cap.

En attendant, il entre en seconde au lycée agricole de Rouillon et entreprend ensuite une formation de garde-chasse dans les Ardennes. Pour cet amoureux de la nature, sa principale motivation est la préservation de l'environnement plutôt que la gestion maîtrisée des espèces animales. Il y apprend quelques-uns des secrets qui lui serviront plus tard en cuisine.

De retour en Sarthe, il travaille dans une boutique de produits bio et chez un maraîcher pour finalement entamer à Nice une formation accélérée en 6 mois afin d'être cuisinier. Ensuite, on ne l'arrête plus, il se lance dans un tour de France des cuisines: la Touraine, l'Orne, l'Eure, la Corse, la Haute-Savoie, la Drôme et le Var. De ces multiples expériences, il retiendra deux discours de chefs. Le premier, en Corse, insiste sur le goût et rappelle sans cesse à son personnel l'importance de faire ressortir l'essence d'un aliment; le second, dans le Var, lui apprend

la maîtrise des assaisonnements. À cette époque, il s'intéresse également d'un peu plus près aux plantes sauvages, ses études agricoles lui permettant de les reconnaître aisément; il n'a ainsi plus qu'à les accommoder.

Les assaisonnements et le goût, deux valeurs présentes dans les plats de Gérard Chevallier. Il en ajoute même une troisième : la saveur, en agrémentant tous ses plats d'herbes sauvages ou avec l'une des 130 herbes aromatiques cultivées dans son jardin, attenant à son restaurant. Et chaque année, il en déniche de nouvelles chez les pépiniéristes ou dans les catalogues. Toutes les possibilités sont mises en œuvre pour créer de nouvelles recettes.

Ces plantes ne sont pas des artifices dans sa cuisine mais bien des soutiens gustatifs aux excellents produits de base qu'il sélectionne avec le plus grand soin chez les éleveurs locaux ayant comme lui une vision raisonnée de l'agriculture. Les légumes sont issus le plus souvent de son potager, sans pesticide ni machines polluantes et nécessitent l'emploi d'un jardinier l'été pour l'épauler. Très attaché à la saisonnalité, il remplace l'hiver les herbes aromatiques fraîches par une grande variété d'épices.

À l'ombre des tilleuls de son restaurant de Dureil, en été, ou au coin de la cheminée l'hiver, vous goûterez à la cuisine d'un chef qui ne répond pas aux modes mais qui a plutôt un mode d'expression culinaire au service de la saveur. Art qu'il perfectionne chaque jour depuis l'ouverture de son auberge à la fin des années 1990 car, pour Gérard Chevallier, "le goût est une aventure sans fin".

Gérard Chevallier

Côtes de porc fermier, herbes et trilogie de liliacées

6 personnes

6 côtes de porc

600 g d'échalotes grises
2 dl de vin blanc + 2 dl d'eau

500 g d'oignons rouges
3 dl de vin rouge
250 g de cerises aigres
5 cl de vinaigre balsamique
sucre

1 oignon jaune
3 dl de fond de veau maison
1 cuillère à café de sarriette, d'origan et de sauge

6 échalions, thym

huile d'olive, huile de tournesol
sel, vin blanc, sauges fraîches

Pour les échalotes fondantes, les cuire à couvert à feu très doux dans le vin blanc et l'eau avec 2 cuillères à soupe d'huile d'olive. Attendre la réduction complète du jus de cuisson. Saler. Réserver.

Pour la compotée d'oignons rouges, cuire lentement à couvert les oignons finement émincés avec le vin rouge, les cerises et le vinaigre balsamique. Saler et sucrer un peu selon votre goût. Laisser réduire. Réserver.

Pour préparer le fond de sauce aromatisé, dans un poêle, faire chauffer une cuillère à soupe d'huile de tournesol et une noisette de beurre. Y faire colorer légèrement l'oignon jaune ciselé. Ajouter le fond de veau puis les feuilles des trois herbes (déshydratées l'hiver) hachées au couteau. Mélanger et laisser infuser hors du feu à couvert.

Rôtir au four les échalions coupés en deux arrosés d'huile d'olive, saler avec un petit fond d'eau. Saupoudrer de thym. Cuire 1/2 heure à 180° C.

Poêler les côtes de porc avec un peu d'huile de tournesol pour les colorer. Mettre dans un plat au four pour finir la cuisson. Cuire 15 minutes à 180° C.

Déglacer la poêle ou la sauteuse avec un peu de vin blanc et ajouter le fond de sauce aromatisé. Passer au chinois et réserver au chaud.

Disposer sur assiette les échalions rôtis, une cuillère de compotée d'oignons rouges et les échalotes grises fondantes. Dresser la côte de porc et napper de sauce. Décorer avec des feuilles de sauge fraîche.

Vin : Chinon, Anjou ou Bourgueil rouges.

Gérard Chevallier

Poêlée de fraises à la rhubarbe et citrons semi-confits

Pour la poêlée, caraméliser légèrement dans une poêle le beurre et le sucre. Ajouter les fraises et la rhubarbe et ensuite le citron taillé en petits dés. Émincer les feuilles de menthe et les incorporer hors feu.

Pour la compote, tailler la rhubarbe en fines tranches après l'avoir épluchée. La cuire sans la colorer avec le sucre jusqu'à obtention d'une texture épaisse.

Pour le coulis de fraises, dans une casserole, faire chauffer l'eau et le sucre jusqu'à obtention d'un sirop. Mixer les fraises au blender avec le sirop chaud. Réserver.

Dressage : disposer la compote de rhubarbe dans un cercle. Répartir la poêlée tiède par-dessus et décercler. Y ajouter le coulis de fraises, quelques morceaux de fraises fraîches et, autour, des morceaux de citrons confits. Décorer de quelques feuilles de menthe citron.

Petit plus : accompagner d'une glace à la fraise ou d'un sorbet citron et d'un Palmito.

Vin : Coteaux du Layon.

6 personnes

Pour la poêlée :
300 g de fraises
150 g de rhubarbe
100 g de citrons confits
25 g de beurre
50 g de sucre
8 feuilles de menthe citron

Compote de rhubarbe :
500 g de rhubarbe
125 g de sucre

Coulis de fraises :
250 g de fraises
1 dl d'eau
100 g de sucre

Finition :
6 fraises fraîches
citrons confits et menthe citron

Auberge de La Foresterie

Le Mans

Originaire de Dourdan dans l'Essonne, Pascal Malpezzi a grandi dans le Sud et y a travaillé aux côtés de celui qui deviendra son père spirituel.

Au pays des cigales et de Jean Giono, dans le relais château *La Bonne Étape* à Château-Arnoux, il rencontre Janny Gleize, un des chefs français les plus charismatiques de sa génération. Il y apprend la cuisine classique, celle des produits de saison à pleine maturité, du gibier, des champignons, des poissons de la Méditerranée et bien sûr des herbes de la garrigue. Il gravit chez cet étoilé Michelin, en moins de deux ans, tous les échelons qui constituent une grande brigade. Il passe de simple commis à premier second a à peine vingt ans!

Il explique cette formidable ascension par l'opportunité et la détermination. J'y ajouterai son talent. Un vieux briscard de la cuisine française comme Janny Gleize ne confie pas la coordination de son équipe au premier venu. Un second de cuisine, c'est l'œil, le bras droit et la jambe gauche d'un chef !

"Papy Gleize", comme il le surnomme, le choisit pour l'accompagner sur le paquebot *Norway*, rebaptisé à l'occasion de la Coupe du monde de football de 1998, *Le France*. À bord, lors de cette grande croisière gastronomique intitulée "20000 mets sur les mers", il côtoie les plus grands chefs français. Cette expérience le marquera pour le restant de sa carrière. Deux mille personnes dînent chaque soir

autour de menus élaborés à partir des meilleurs produits français. Il découpe sur ce paquebot sept cents agneaux de Sisteron, y travaille sept tonnes de truffes noires, y déguste les meilleurs caviars et y goûte les vins les plus fins. Toute l'excellence de la cuisine hexagonale est réunie pour des instants uniques.

Pourquoi le retrouve-t-on en Sarthe ? Un peu par hasard. Il avait envie de bouger et notre région lui a plu. Il y est très vite impressionné par la qualité de nos produits. Touché par la richesse de notre terroir, il en est aujourd'hui l'un de nos meilleurs ambassadeurs auprès de ses amis cuisiniers restés dans le Sud.

Il pourrait travailler dans les plus grands restaurants mais il préfère "sa cuisine", qu'il prépare comme pour ses proches. On y retrouve des influences méditerranéennes, bien sûr, un peu de l'Italie de ses origines, et surtout des produits sarthois. Il fume son saumon, fabrique son foie gras, s'exerce à l'élaboration du saucisson et s'entraîne depuis peu à la confection de glaces. Lorsqu'il revisite des morceaux de bœuf oubliés, il pense à son père, boucher. Lorsqu'il prépare une polenta, c'est à sa grand-mère italienne qu'il rend hommage. Il faut le voir lever les filets d'un rouget ou découper une viande pour comprendre que cet homme est respectueux du travail des autres. Il se sent alors investi d'une mission, celle de magnifier le produit sans trop le heurter, en conservant toute sa saveur.

Curieux de tout, il dévoile facilement ses secrets parce que sa principale motivation, c'est le bonheur qu'il donne aux autres.

Pascal Malpezzi est un donneur de bon, c'est une seconde nature chez lui. Comme il me l'a dit un jour : "le bonheur est dans l'assiette".

Pascal Malpezzi

Tartine de rouget au pistou et saumon fumé

4 personnes

4 tranches de pain de campagne
4 rougets levés en filets
par votre poissonnier
4 tranches de saumon fumé

Écume de thym :
50 g de lait entier
50 g de crème liquide à 35 %
5 g de lécithine de soja
quelques branches de thym
sel et poivre

Pistou :
50 g de basilic haché
zestes et jus de citron vert
50 g de pignons de pin
20 g de parmesan
1 gousse d'ail
1 cuillère à café de vinaigre de xérès
sel et poivre du moulin
20 cl d'huile d'olive

Réaliser le pistou à l'aide d'un blender. Mixer les pignons et le parmesan, ajouter le vinaigre et le basilic ainsi que l'ail, un peu de jus et quelques zestes de citron vert jusqu'à obtention d'une pâte. Saler et poivrer puis monter à l'huile d'olive.

Pendant ce temps, assaisonner les filets de rouget (sel, poivre et huile d'olive) puis les disposer sur une plaque avec du papier sulfurisé, les précuire 2 mn à four chaud (200° C) puis les sortir.

Préparation de l'écume de thym : porter à ébullition le lait et la crème. Hors du feu, laisser infuser quelques minutes des branches de thym à couvert.

Cuire les filets de rouget au four 2 mn à 200° C et en même temps faire griller les tartines nappées de pistou.

Retirer les branches de thym, rajouter la lécithine de soja, passer au mixer, et récupérer l'écume.

Dresser avec de la salade, la tartine et les filets de rouget disposés dessus, un trait de pistou et une cuillère à soupe d'écume de thym.

Vin : Tavel rouge.

Pascal Malpezzi

Paleron de bœuf braisé et poêlée à la vigneronne

Ficeler le paleron de bœuf, faire suer les oignons et les carottes dans une cocotte, ajouter la viande puis le vin et le fond. Assaisonner puis disposer la cocotte dans le four préalablement chauffé à 120° C, cuire environ 3 h - 3 h 30 à couvert. Une fois cuit, laisser le paleron refroidir dans son jus.

Sortir la viande refroidie et faire réduire le jus de 3/4, puis le lier avec un roux.

Pendant ce temps, préparer la polenta. Faire bouillir le lait, jeter en pluie la polenta et cuire en mélangeant pendant 5 à 10 minutes. Y ajouter le parmesan et les jaunes d'œufs. Saler et poivrer. Réserver.

Ensuite, cuire tous les légumes dans l'eau salée. Les égoutter et réserver.

Découper en tranche d'1 cm le paleron. Réchauffer les légumes et la polenta. Dans une poêle, faire chauffer du beurre et lorsqu'il est mousseux, y déposer les tranches de paleron et les cuire "comme un steak". Servir avec la sauce.

Vin : Bordeaux rouge (Lalande de Pomerol).

4 personnes

1,2 kg de paleron de bœuf
200 g d'oignon
200 g de carottes
2 feuilles de laurier
50 g de beurre
1 l de fond de veau
1,5 l de vin rouge

Légumes d'accompagnement :
8 carottes fanes
8 oignons nouveaux
quelques asperges sauvages
8 navets primeurs

Polenta :
250 g de polenta
1 l de lait
40 g de parmesan frais râpé
herbes de Provence
2 jaunes d'œufs

Auberge de La Grande Charnie
Saint-Denis-d'Orques

Demandez à Laurent Trouillet son premier souvenir de plat et il vous répond sans hésiter : "La langue de ma grand-mère !" Je ne sais pas si elle l'avait bien pendue mais elle lui a transmis son goût pour la cuisine et cette langue de bœuf sauce piquante aux petits cornichons du jardin est à l'origine d'une vocation. Depuis, il n'a jamais voulu faire un autre métier que celui de cuisinier.

Encore fallait-il trouver une personnalité culinaire. Il va la forger au gré de ses expériences multiples. En effet ce Sarthois, originaire de Fresnay-sur-Sarthe, a très vite envie de bouger à la suite de son apprentissage près d'Alençon et veut essayer tous les styles de cuisine. Cet homme discret est aussi un aventurier des fourneaux.

Il débute à Megève où il apprend le travail rapide et l'endurance ; à Marly-le-Roi, il fait connaissance avec les fruits de mer et la cuisine simple. À Versailles, il découvre l'esprit brasserie et le savoir-faire des pâtisseries maison. Il décide ensuite de se rendre à Stuttgart, en Allemagne. Il passe son service militaire au mess des officiers de Kern (Allemagne) et enchaîne ensuite avec la Suisse, au bord du lac de Gruyère, le pays du célèbre fromage sans trou. C'est durant cette période qu'il obtient ses premières responsabilités en tant que second de cuisine. Il garde d'ailleurs un bon souvenir de la clientèle helvétique, toujours prête à goûter de nouvelles saveurs. Surtout, il y apprend la cuisson des poissons d'eau douce : la fameuse perche du

lac Léman, la Ferra et la Rolls des poissons du lac : l'omble chevalier. Il comprend également que la clientèle recherche parfois plus qu'une cuisine : une ambiance. Il le vérifie au *Café du Raisin* dans le canton de Vaud, entre Genève et Lausanne, dans ce pays de vignes surplombant le Léman où il sert des plats simples à une clientèle en recherche d'authenticité et de bonne ambiance, comme Phil Collins ou Charles Aznavour. Il en ramène le goût de l'accueil et de la convivialité mais également quelques vins suisses que vous pourrez déguster dans son restaurant de Saint-Denis-d'Orques.

Après les poissons du Léman, il reste encore trois années en Suisse durant lesquelles il apprend à travailler le canard sous toutes ses formes et termine son périple dans l'un des plus beaux golfs d'Europe, *Le Golf du Domaine impérial,* où la clientèle est l'une des plus haut de gamme de sa carrière.

Fort de ces expériences multiples, il décide en 2006 de poser ses bagages en Sarthe et investit dans *L'Auberge de la Grande Charnie*, route de Laval, près des terres de son enfance. Il y est le chef et le patron pour la première fois. Après un mois, il modifie déjà sa carte qui ne correspondait pas à la clientèle sarthoise. Laurent Trouillet écoute plus qu'il ne parle, il a su rapidement revenir aux fondamentaux, s'adapter au goût local et à l'esprit d'une auberge de village.

Aujourd'hui sa cuisine est sobre, précise, maîtrisée, comme lui, en somme, mais, également nourrie de toutes ses expériences et lorsqu'il dépose un râpé de truffe noire sur une volaille cuite en pot-au-feu, si vous êtes un peu attentif, vous croiserez le regard d'un grand chef.

Laurent Trouillet

Gourmandise de gambas et foie gras

4 personnes

8 belles gambas
200 g de foie gras
sel, poivre blanc
vin blanc moelleux
ciboulette
160 g de fromage blanc
3 feuilles de gélatine
un peu de lait
amandes effilées grillées
20 g d'œufs de saumon
huile d'olive

Dénerver le foie gras, assaisonner avec sel, poivre blanc et quelques gouttes de vin moelleux. Rouler dans un film plastique hermétiquement fermé, laisser mariner 24 h au frais. Tel quel, cuire pendant 10 mn dans de l'eau à 60° C, refroidir aussitôt dans de la glace.

Ciseler la ciboulette et la mélanger avec le fromage blanc. Faire fondre la gélatine dans un peu de lait chaud, ajouter le sel, le poivre et incorporer au mélange puis réserver au frais.

Décortiquer les gambas en laissant la tête puis faire revenir dans un peu d'huile d'olive 1 mn de chaque côté et ajouter un peu de fleur de sel.

Disposer au centre d'une assiette un dôme de fromage blanc, 2 tranches de foie gras et 2 gambas. Décorer de branches de ciboulette, d'amandes grillées et d'œufs de saumon.

Vin : Champagne.

Laurent Trouillet

Poitrine de poularde en pot-au-feu

4 personnes

Parer les poitrines de poularde, manchonner l'os des ailes et réserver. Peler les mini-carottes et laver les mini-poireaux.

Cuire les carottes et les poireaux, selon votre goût, dans le bouillon de poule. Égoutter et réserver les légumes en conservant le bouillon pour la cuisson de la viande.

Laver et cuire les pommes de terre au four environ 15 à 25 mn sur un lit de gros sel, les éplucher et mettre de côté.

Déposer les poitrines dans le bouillon, cuire à feu très doux pendant 18 à 20 mn, égoutter et tenir au chaud.

Mélanger le jaune d'œuf, la crème, la muscade râpée, le sel et le poivre. Faire réduire de moitié environ 40 cl de bouillon de poule puis le verser bouillant sur le mélange. Remettre sur le feu et cuire doucement jusqu'à liaison. Assaisonner et incorporer le beurre, le jus de citron et passer au chinois.

Napper de sauce le fond d'une assiette creuse, déposer une poitrine, répartir les carottes et les poireaux, saupoudrer de fleur de sel, de poivre du moulin et de sel de céleri.

Petit plus : râper la truffe sur le dessus et l'accompagner de pluches de cerfeuil.

Vin : Menetou-Salon blanc.

100 g de crème fraîche
1 jaune d'œuf
cerfeuil
12 petites pommes de terre
8 mini-poireaux ou un poireau
16 mini-carottes ou 2 carottes
4 poitrines de poularde de Loué
60 g de beurre
2 l de bouillon de poule
1 truffe noire (facultatif)
jus de citron
sel de céleri

Auberge des Matfeux

Arnage

Dans la famille Souffront, on est cuisinier depuis quatre générations. Quand vous demandez à Xavier Souffront de parler de lui, il commence par évoquer son père, personnage charismatique, qui a ouvert l'*Auberge des Matfeux* sur la commune d'Arnage un an après la naissance de son fils.

Xavier Souffront a donc grandi aux *Matfeux* et, dès l'âge de douze ans, il travaille en salle. Même s'il a refait toute la décoration il y a peu de temps, les murs de l'ancien restaurant sont là pour lui rappeler les règles nécessaires à son évolution. Il ne pourrait s'en affranchir, il respecte trop ce père à qui il doit tout.

Et pourtant, devenir cuisinier n'était pas une évidence pour lui, d'autant que ses parents ne lui ont pas facilité la tâche. Les horaires décalés, le travail durant les jours fériés, les contraintes, ils lui ont tout expliqué sur les mauvais côtés du métier, histoire de bien le prévenir.

Il avoue d'ailleurs ne pas avoir eu le "feu sacré" au début, il a pris son temps pour s'affirmer. Il se définit comme quelqu'un qui apprend lentement mais sûrement.

Après l'École hôtelière de Dinard, il entame un tour de France qui le conduit du *Georges V* au restaurant de M. Seguin *Le Pressoir*, à Paris, comme un certain Olivier Boussard, en passant par *La Crémaillère du temps du Huyart*, à Orléans (deux macarons au *Michelin*). Il y avoue volontiers avoir beaucoup appris. Au moment où son père décide de passer la main,

il revient aux *Matfeux* comme simple chef de partie et il y gravira un à un les échelons. Là encore, le fils de la maison n'aura aucun passe-droit : les parents sont souvent plus exigeants avec leurs propres enfants…

Aujourd'hui, il est désormais le chef et le patron de cet établissement sarthois mythique. Même s'il a beaucoup fait évoluer cette maison, tant dans la décoration que dans la cuisine, on y vient toujours pour déguster les fameuses ravioles aux langoustines créées par Alain Souffront et revisitées aujourd'hui par son fils.

Xavier Souffront a actualisé la cuisine de son père, simplement, en se concentrant sur le produit, en le débarrassant de fioritures. Il explore également le bio, les fleurs à déguster et respecte la nourriture saisonnière, soutenu par un excellent sommelier qui gère une des plus belles caves de la région.

Son père a été un des premiers chefs, dans les années 1970, à aller à la rencontre de ses clients en salle. Son fils marche sur ses traces lorsqu'il affirme que "le cuisinier est le plus à même d'expliquer ses plats à sa clientèle". Ici, le chef a le souci du détail, on repasse les nappes tous les matins, on dresse les tables avec soin, on personnalise l'accueil. On sait ce que recevoir un client signifie.

L'*Auberge des Matfeux* a toujours été un très bon restaurant, c'est aujourd'hui aussi, après d'énormes travaux extérieurs et intérieurs, un beau restaurant. La récompense pour tous ces investissements pourrait être une étoile au *Michelin*, ce que Xavier Souffront apprécierait, ne serait-ce que pour rendre encore une fois hommage à son père.

29

Xavier Souffront

Saumon bio d'Irlande sauce crémeuse aux girolles

4 personnes

filets de saumon bio
(150 g de filets par personne)
huile d'olive

**Sauce crémeuse
aux girolles :**
300 g de girolles fraîches
250 g de crème liquide
20 g de beurre
1 échalote

Demander à votre poissonnier de tailler les portions de saumon comme des escalopes.

Cuire le saumon dans une poêle avec de l'huile d'olive bien chaude (comme pour cuire un steak), 1 minute maximum de chaque côté. Mettre le saumon dans un plat et retirer les graisses de cuisson.

Faire revenir sans coloration l'échalote hachée avec le beurre dans la poêle puis ajouter les girolles crues et laisser cuire 2 minutes, ajouter la crème liquide et faire réduire de moitié.

Pour la finition de la sauce, séparer les girolles de la crème à l'aide d'une passette.

Mixer la crème et vérifier l'assaisonnement en sel et en poivre.

Faire réchauffer le saumon au four à 180° C pendant 2 minutes. Les girolles seront disposées au centre de l'assiette, le saumon poêlé à l'huile d'olive sur les girolles et la sauce autour.

Vin : Touraine blanc.

Xavier Souffront

Poires rôties au miel et aux épices

Éplucher les poires et les frotter avec le citron. Mettre tous les ingrédients du sirop dans une casserole, faire bouillir et laisser infuser 1/2 heure avec un couvercle. Pocher les poires dans ce sirop (elles peuvent être cuites la veille).

Faire bouillir le lait avec 1 gousse de vanille fendue en deux et grattée dans une casserole en inox. Éteindre le feu dès l'ébullition et recouvrir d'un couvercle pendant 1/2 heure.

Mélanger énergiquement et sans attendre les jaunes d'œuf avec le sucre à l'aide d'un fouet pour éviter que le sucre cuise les jaunes. Verser le lait infusé sur le mélange jaune d'œuf et sucre. Fouetter.

Porter la crème anglaise à feu très doux à une température de 82° C maximum dans une casserole inox. Utiliser une spatule en bois pour remuer jusqu'à la fin de la cuisson. Arrêter la cuisson lorsque la crème nappe la cuillère.

Vérifier la cuisson à l'aide d'un thermomètre. Une fois cuite, passer la crème anglaise au chinois et laisser refroidir.

Réchauffer les poires dans une casserole avec le miel.

Mettre la crème anglaise dans une assiette creuse, disposer une poire au centre et décorer avec un peu de pistache en poudre et du piment d'Espelette.

Vin : Languedoc blanc.

4 personnes

4 poires
1 citron
200 g de miel

Sirop aux épices :

1/2 l d'eau
250 g de sucre
épices selon votre goût :
cannelle, vanille, poivre et anis étoilé

Crème anglaise :

7 jaunes d'œuf
135 g de sucre semoule
50 cl de lait
1 gousse de vanille

L'Authentique

Le Mans

Tout le monde n'a pas la chance, comme Catherine Chasme, d'avoir une grand-mère italienne et une autre normande ; deux cuisines, deux styles, mais la même culture des grandes tablées, des belles marmites, des plats mijotés, des repas à deux entrées, deux plats et deux desserts.

Elle est attirée, comme souvent quand on est petit, par la pâtisserie, pour laquelle on lui reconnaît du talent et c'est tout naturellement qu'on lui confie la confection des petits fours lors des fêtes familiales. Vers 14 ans, elle aide souvent une tante cuisinière dans une clinique de Normandie. À l'époque, les repas étaient préparés sur place, le "sous vide" n'existait pas encore et la cuisine "hospitalière" avait le goût de l'authentique. Elle y apprend l'organisation, l'hygiène, la conservation des aliments et surtout les techniques de préparation comme celle de la pâte feuilletée, qui n'est pas si simple.

Catherine Chasme appartient à cette génération dont les parents souhaitaient que leurs enfants étudient. Elle passe donc une maîtrise d'économétrie, la gestion et les statistiques n'ont aucun secret pour elle. Elle aurait préféré faire une école hôtelière après son bac mais elle a su attendre. Les passions larvées finissent souvent par éclore.

Après un début de carrière parisien et de multiples déménagements en province, elle arrête de travailler pour élever ses enfants. Elle continue cependant de

vivre sa passion pour les plats du terroir et pour toutes ces recettes oubliées des livres de cuisine régionale en fréquentant les petits restaurants hors des sentiers battus. Catherine Chasme peaufine alors son rêve d'ouvrir son propre établissement dans lequel elle servirait tous ces plats en voie de disparition.

En 2009, son projet prend forme et elle revient à ses premières amours autour d'un concept et d'un nom : *L'Authentique*. Sa cuisine y est simple et inspirée des recettes familiales ; à l'heure où les longues mijotées et les sauces réduites ont quasiment disparu de nos cuisines, vous dégusterez chez elle une vraie cuisine de grand-mère dans toute sa dimension culinaire et affective.

Dans son restaurant du Vieux-Mans, Catherine Chasme résiste à sa façon à l'uniformisation du goût, à la malbouffe et aux plats tout prêts de l'agroalimentaire. Venez goûter la différence, retrouvez votre âme d'enfant autour d'une bonne blanquette de veau, d'une daube de canard aux cèpes ou d'une fricassée de poulet aux écrevisses. Ici les produits sont frais, proviennent de producteurs locaux et sont cuisinés avec l'amour d'une mère pour ses enfants. La gardienne des lieux vous accueille avec le sourire sincère d'une personne sachant encore ce que "nourrir" veut dire.

Catherine Chasme

Saint-Jacques à la crème de corail et au safran

4 personnes

16 noix de Saint-Jacques
5 cl de whisky
30 cl de crème fraîche
1 jaune d'oeuf
50 g de beurre
75 g de parmesan
1 pincée de filaments de safran
sel et poivre

Récupérer un corail sur deux des Saint-Jacques. Mixer ce corail avec le jaune d'œuf, le safran et le parmesan. Ajouter la crème et assaisonner de sel et de poivre.

Faire chauffer le beurre et sauter les Saint-Jacques à feu vif pendant 30 s à 1 mn de chaque côté. Les flamber au whisky.

Placer les Saint-Jacques dans des coquilles, napper de crème au corail et au safran, saupoudrer de parmesan.

Faire gratiner au four pendant 10-15 mn à 180° C.

Vin : Savennières.

Catherine Chasme

Magret de canard et pommes au beurre vanille

Cuisson du magret : entailler le gras avec la pointe d'un couteau en formant un quadrillage. Saler et poivrer le côté chair.

Poêler à feu moyen 8 mn sur le côté gras puis 4 mn côté chair. L'envelopper dans du papier-alu et le maintenir au chaud.

Préparation de la sauce : verser le vin blanc et l'armagnac dans une casserole. Porter le mélange à ébullition et laisser réduire des 2/3 à petits bouillons.

Ajouter le bouillon de volaille. Laisser bouillir 5 mn.

Ajouter la crème fraîche, saler légèrement et laisser de nouveau réduire d'1/3.

Dans une autre casserole, verser le vinaigre de vin et le sucre. Porter à ébullition quelques secondes pour obtenir un caramel.

Verser ce caramel dans la sauce réduite, ajouter le Porto rouge, le poivre vert et les dés de piquillos. Rectifier l'assaisonnement.

Cuisson des pommes : éplucher les pommes et les couper en quartiers. Faire chauffer le beurre sur feu moyen dans une poêle. Fendre la gousse de vanille en deux et récupérer la pulpe avec la pointe d'un couteau.

Mélanger la pulpe de vanille au beurre chaud, ajouter les pommes et laisser dorer en les retournant régulièrement.

Vin : Anjou rouge.

4 personnes

2 magrets de canard
12 cl de vin blanc sec
5 cl d'armagnac
10 cl de bouillon de volaille
30 cl de crème fraîche
1 cuillère à soupe de vinaigre de vin
1/2 cuillère à café de sucre en poudre
2 cl de Porto rouge
20 g de poivre vert
20 g de piquillos (en conserve) taillés en dés
sel
4 pommes (golden, gala ou reinette)
50 g de beurre
1 gousse de vanille Tahiti ou Mexique

Le Beaulieu

Le Mans

Olivier Boussard est le seul chef étoilé du *Guide Michelin* dans la Sarthe. Quelles que soient les critiques adressées au guide rouge, on ne devient pas étoilé par hasard.

Recevoir une étoile était pour lui un but mais pas une obsession. Il a réussi à la décrocher en 2002 et surtout, depuis, il a su la conserver.

Le jour où il est entré dans le club très fermé des grands chefs français, c'est un certain Alain Passard qui le lui a annoncé. Il se souvient avec émotion de toutes les félicitations qu'il a reçues alors de la fine fleur de la cuisine française : Bocuse, Robuchon, Troigros...

Ce fut une immense satisfaction pour lui mais il n'a pas eu le temps d'avoir la grosse tête, ce qui n'est d'ailleurs pas son genre. Dès le lendemain, il était au travail et le travail, Olivier Boussard, il connaît.

Très souvent le premier arrivé dans son restaurant de la place des Ifs, il réceptionne lui-même la marchandise puis commence avec un vrai plaisir à lever les filets des poissons, à parer les viandes, à vérifier les fonds de sauce qui mijoteront pendant des heures sur le coin de son fourneau. Il contrôle tout, de l'arrivée des produits à l'envoi de l'assiette en salle.

Malgré cette rigueur et son sens du travail bien fait, Olivier Boussard reste un instinctif, un chef des cuissons-minute, des sauces "à l'instant" et des assaisonnements goûteux. D'un jour à l'autre, vous ne dégusterez jamais le même plat chez lui :

pour réussir une recette, il ne suffit pas de prévoir, il faut aussi savoir improviser.

Cet amoureux des produits définit sa cuisine comme traditionnelle. Est-ce pour rendre hommage à sa mère qui cuisait déjà les viandes à la demande dans la cheminée de son restaurant d'Yvré-l'Évêque ? Assurément, elle lui a transmis cette force de la simplicité et du respect du produit.

Entrons dans sa cuisine et regardons le travailler : ici, pas de "oui chef !" qui résonne, pas de cris, chacun est à sa place, les ordres passent par le regard. À peine a-t-il donné la liste des ingrédients que la cuisson de la viande démarre, il lance alors la fabrication de la sauce et entame déjà un autre plat. Tout va trop vite pour un cuisinier amateur comme moi !

Dans sa cuisine, aucune sauce préparée à l'avance, juste des fonds (tous maison bien sûr) qui serviront de base ; "des bons jus", comme il aime dire, et pour chaque plat, c'est une nouvelle aventure : hier du fond de veau, aujourd'hui un fond de pigeon, une touche de porto, des huiles aromatisées, des herbes fraîches, de savants mélanges toujours renouvelés.

Puis vient le moment du dressage, toujours à trois dans son établissement : les cuissons étant tellement précises qu'aucune attente n'est permise. L'un dépose le poisson ou la viande dans l'assiette pendant qu'un autre arrange les accompagnements, enfin Olivier Boussard verse la sauce ; il signe ainsi sa recette et autorise l'envoi.

Afin d'être certain du résultat, il goûte toujours, tout le temps, tout. Il goûte le poisson cru le matin avant de le préparer, il goûte ses fonds, il goûte ses sauces, ses assaisonnements, il goûte à chaque étape.

C'est le secret de la cuisine d'Olivier Boussard : "Il goûte".

Olivier Boussard

Saint-Jacques aux asperges vertes

4 personnes

20 noix de Saint-Jacques
20 asperges vertes
beurre et huile d'olive pour la cuisson des Saint-Jacques

Pour la vinaigrette :

2 cuillères à soupe de vinaigre de xérès
2 cuillères à soupe de vinaigre balsamique
2 cuillères à soupe de vinaigre de Banyuls
2 cuillères à soupe d'huile d'olive première pression à froid
2 cuillères à soupe de coriandre
2 cuillères à soupe de basilic
2 cuillères à soupe de ciboulette
2 cuillères à soupe d'échalotes ciselées
sel
poivre

Éplucher les asperges, les faire cuire dans de l'eau bouillante salée environ 6 à 8 mn selon la grosseur. Sans attendre, les rafraîchir dans de l'eau glacée pour stopper la cuisson et garder toute la couleur de l'asperge. Les égoutter, puis réserver.

Cuisson des noix de Saint-Jacques : mélanger un peu de beurre et d'huile dans une poêle et faire chauffer. Cuire les noix 1 minute de chaque côté, le cœur doit être chaud mais pas trop cuit.

Préparation de la sauce vinaigrette : faire suer les échalotes ciselées dans une poêle avec l'huile d'olive puis y ajouter les différents vinaigres. Retirer du feu et y ajouter vos herbes. Saler et poivrer.

Dressage : sur une assiette, disposer les asperges en éventail et, entre chaque asperge, déposer les noix de Saint-Jacques.

Arroser le tout avec la vinaigrette.

Vin : Côte du Rhône blanc (Condrieu).

Olivier Boussard

Homard rôti aux morilles

2 personnes

1 homard breton 500 à 600 g
200 g de morilles
2 cuillères à soupe d'échalotes hachées
1 cuillère à soupe d'huile d'olive
25 cl de vin blanc
50 cl de crème fraîche épaisse
100 g de beurre 1/2 sel
sel et poivre

Préchauffer votre four au maximum ou allumer le grill.

Préparer les morilles en enlevant la terre au bout des queues puis les rincer 2 à 3 fois à l'eau froide.

Faire fondre 20 g de beurre, puis y faire suer 1 cuillère à soupe d'échalotes. Ajouter le vin blanc puis faire bouillir 2 mn. Ajouter les 50 cl de crème, porter à ébullition. Y mettre les morilles et laisser cuire 20 mn minimum à feu doux.

Couper le homard en deux et fendre les pinces. Faire chauffer une poêle avec l'huile d'olive. Une fois bien chaude, déposer le homard côté chair et laisser cuire 1 minute, le mettre dans un plat, l'arroser de son jus de cuisson, ajouter de la fleur de sel et du poivre au moulin puis réserver.

À part, faire suer le reste des échalotes dans du beurre puis déposer cette préparation sur le homard. Mettre au four très chaud pendant 4 mn ou de préférence sous le grill.

Dans une assiette, mettre le 1/2 homard, une partie des morilles dans un petit bol avec le jus de cuisson et quelques morilles égouttées pour la décoration.

Vin : Côte du Rhône blanc (Hermitage).

Le Bretagne
Sillé-le-Guillaume

Si un jour vous allez déjeuner sur la terrasse du *Bretagne*, à Sillé le-Guillaume, et qu'un chef passe, armé d'une paire de ciseaux, soyez rassuré, c'est Jean-Marie Fontaine qui va chercher des herbes aromatiques dans son jardin. C'est pour votre bien, parce qu'il est comme ça, Jean-Marie Fontaine, il veut partager et donner aux autres ce qu'il aime.

"Quand le produit est beau, on a envie de le partager et quand, en plus, on connaît le producteur, on a l'impression que ça lui donne encore plus de goût." C'est comme ça qu'il résume d'ailleurs ses origines et sa philosophie culinaire.

Un oncle cuisinier, un autre boucher, un père agriculteur qui lui fit découvrir les omelettes aux girolles ramassées près de Lavaré, voilà autant de bases solides pour bien débuter dans la vie ! En effet, il a d'abord eu une passion pour le produit, comme, par exemple, pour le légume encore en terre à 10 heures et dans l'assiette à midi.

Viendra ensuite le goût pour la pâtisserie. Il passera d'ailleurs, avec succès, un CAP de pâtissier en candidat libre bien après l'obtention de celui de cuisinier.

Jean-Marie Fontaine aime aller plus loin. À la demande de sa clientèle qui voulait repartir avec ses confitures maison servies au petit-déjeuner de son hôtel, il crée une gamme de produits distribués, sous la marque *Jentaine*, dans une vingtaine de points de vente en Sarthe et ailleurs en France. Dans son établissement,

Jean-Marie Fontaine fait tout, du pain aux desserts. Il réalise lui-même tous ses fonds pour les terrines de poissons, ses glaces et ses bonbons. S'il pouvait faire son vin, je crois qu'il le ferait !

Transmettre, c'est aussi l'autre vocation de Jean-Marie Fontaine. Le jour de ma visite, pas moins de cinq jeunes à peine âgés de 20 ans s'affairaient à cuire, à façonner et à monter, sous l'œil bienveillant d'un patron qui sait mieux que quiconque que la passion naît aussi de la confiance accordée aux autres. Un chef lui a dit un jour que "ceux qui se cachent ne savent pas travailler". C'est pour ça qu'il montre à ses apprentis, donne ses recettes, enseigne et vante les bons côtés du métier. Son parcours est celui d'un grand chef. Après beaucoup de temps passé en sa compagnie, il vous avoue avoir été second de cuisine au *Grand-Véfour* (deux étoiles au *Michelin* de l'époque), avoir travaillé une année à Londres pour parfaire son anglais, se former régulièrement aux nouvelles techniques de cuisine et acheter des ouvrages culinaires afin de connaître les nouvelles tendances.

Sa cuisine est celle du goût, celle dénuée d'artifice, celle ouverte à la nouveauté. Il crée ses propres mélanges d'épices. Il n'a aucune préférence pour cuisiner les viandes, les poissons ou les desserts. Il mériterait certainement une étoile au *Michelin* or quand vous lui en parlez, il le concède mais pense aussitôt à ses confrères qui, selon lui, la méritent autant que lui.

Un hôtel, un restaurant, une marque d'une vingtaine de références, des responsabilités au sein de l'Association des 19 Bonnes tables sarthoises, Jean-Marie Fontaine travaille beaucoup et bien, c'est l'un des secrets de sa cuisine.

Jean-Marie Fontaine

Pigeonneau aux petits légumes

4 personnes

2 pigeonneaux de 450 g pièce
20 g de beurre demi-sel
1 échalote ciselée
2 cl de cognac
20 cl de fond de volaille
10 g d'épices Jeantaine

Garniture de petits légumes :
8 carottes fanes
4 oignons nouveaux
1 branche de blette
100 g de petits pois écossés
50 g de beurre demi-sel
pour la cuisson des légumes
4 fines tranches de lard rôties au four
pour les rendre croustillantes

Décoration :
1 bouquet de salade mesclun
pommes gaufrettes

Assaisonner les pigeonneaux de sel et de poivre du moulin.

Faire rissoler dans un sautoir avec le beurre demi-sel en colorant la peau sur toutes les surfaces, puis enfourner pendant 10 mn à 180° C. Retirer les pigeonneaux du four et les laisser reposer pendant 20 mn sur une grille.

Pendant ce temps éplucher, laver et tailler les légumes. Les cuire indépendamment dans des casseroles d'eau bouillante salée. Les retirer puis les plonger dans l'eau froide quelques secondes. Dans un sautoir faire revenir délicatement tous les légumes avec un peu de beurre et rectifier l'assaisonnement.

Lever les cuisses et les suprêmes de pigeonneaux et réserver. Concasser les carcasses et les faire rissoler dans le sautoir avec l'échalote ciselée. Dégraisser et flamber avec le cognac. Ajouter les épices Jeantaine et le fond de volaille, laisser cuire 10 mn et passer au chinois. Goûter et rectifier l'assaisonnement.

Poser les pigeonneaux sur les assiettes avec les légumes autour, napper avec le jus aux épices.

Ajouter la tranche de lard croustillante, quelques feuilles de mesclun.

Petit plus : vous pouvez ajouter, en décoration, des pommes gaufrettes.

Vin : Coteaux du Loir rouge.

Jean-Marie Fontaine

Confiture de fraises à la vanille

Laver, éplucher et couper en deux les fraises. Les déposer dans un saladier, ajouter le jus de citron et le mélange sucre, le gélifiant et la vanille coupée en deux dans la longueur. La gratter avec la pointe d'un couteau pour en extraire les grains. Mélanger le tout avec une spatule, couvrir avec un papier film et laisser reposer au réfrigérateur pendant 24 heures.

Le lendemain, verser le contenu du saladier dans une bassine en cuivre à confiture. Porter à ébullition et prolonger la cuisson pendant 10 minutes en remuant avec une spatule en bois et en écumant régulièrement. Pour contrôler la cuisson, verser quelques gouttes de confiture sur une assiette froide, la mettre à la verticale : si elle ne coule pas, elle est prête.

Mettre immédiatement en pots, les fermer et les retourner pendant 10 minutes sur une table, puis les remettre à l'endroit. Laisser refroidir.

Dès le lendemain vous pourrez déguster votre confiture.

Boisson : Eau Minérale gazeuse.

10 pots de 300 g

2,3 kg de fraises mara des bois
Le jus d'1 citron jaune
1,8 kg de sucre cristal
gélifiant ou pectine
2 bâtons de vanille Bourbon

Chez Miton

Chahaignes

Depuis son Tokyo natal, Naoko ne manquait jamais une édition des 24 Heures du Mans à la télévision. Cette passion va lui donner l'occasion d'exercer plusieurs métiers : journaliste spécialisée en sports mécaniques, copilote, pilote de rallye et même, ironie du sort, responsable de l'intendance d'une équipe japonaise engagée sur le circuit manceau.

Miton, lui, est né en Sarthe et a toujours vécu dans le village aux 400 caves, Chahaignes. Son grand-père y était déjà vigneron et distillateur. Il travaille longtemps dans la publicité et entretient parallèlement une véritable passion pour les moteurs, ce qui l'amènera à participer en tant que pilote à de nombreux rallyes et raids.

C'est d'ailleurs sur les dunes africaines que ces deux-là se sont connus lors d'une édition du Paris-Dakar et selon Miton, "le charme gaulois" a fait le reste. Naoko le rejoindra quelques années plus tard dans le Sud Sarthe. Et la cuisine dans tout ça ?

Pour Naoko, le goût pour la nourriture et ses expériences dans quelques restaurants japonais la motivent. Pour Miton, c'est la passion du vin qui prime. Il voue un véritable culte aux cépages chenins et pineau d'Aunis, les cépages du Jasnières et des coteaux du Loir. La plupart des producteurs locaux sont ses copains. Ouvrir un bistrot pour faire la promotion des vins de la vallée de Loir, auprès des Sarthois et des touristes, était une évidence.

Aujourd'hui, Miton et sa magnifique paire de bacchantes lustrées au Jasnières vous accueille avec le sourire de ceux qui ont des choses à partager, celui de ceux qui ont envie de vous faire connaître ses petits trésors en flacons, toujours sélectionnés chez les meilleurs vignerons.

En cuisine, Naoko s'impose très rapidement et avec détermination. Inventivité et grande capacité d'adaptation sont les maîtres mots qui l'accompagnent. De ses voyages à travers le monde, elle a appris la subtilité des mélanges et des goûts. De ses origines asiatiques, elle retient l'esprit de la cuisine japonaise qui se base sur l'équilibre tout en respectant les produits. Naoko s'inspire de ces principes en y ajoutant la carte du terroir. Elle se fournit de plus en plus chez les producteurs locaux comme le fait Miton pour les vins.

Celui-ci est d'ailleurs subjugué par les talents culinaires de son épouse qui jongle entre les cultures, s'adapte parfaitement aux plats traditionnels français.

Il est étonnant de constater que les coteaux du Loir se marient parfaitement avec la cuisine asiatique! Miton et Naoko nous le prouvent dans leur établissement et la clientèle, de plus en plus nombreuse, ne s'y trompe pas.

Filet mignon, crème de curcuma au lait de coco

4 personnes

700 g de filet mignon de porc
15 tranches de lard fumé
1 oignon
1 carotte
30 g environ de céleri rave
2 gousses d'ail
1 petit morceau de gingembre
2 bâtonnets de citronnelle
1 cuillère à soupe de curcuma
40 cl de lait de coco
10 g de beurre
thym
sel et poivre

Barder le filet mignon de porc avec les tranches de lard fumé. Le déposer dans un plat avec un peu d'eau et enfourner pendant 40 mn à 170° C.

Émincer finement l'oignon, la carotte, l'ail, le gingembre et la citronnelle. Faire suer les légumes avec le beurre, le sel et le poivre dans une casserole. Cuire à feu doux pendant 10 mn sans coloration en ajoutant de temps en temps un peu d'eau.

Ajouter le curcuma, le thym et le lait de coco, laisser réduire 5 mn et passer la préparation au chinois.

Accompagner de tomates provençales, de petits pois et de haricots verts frais.

Vin : Jasnières 2009 (Domaine de la Roche Bleue).

Naoko et Miton

Terrine de chocolat aux spéculoos

Pour préparer la terrine de chocolat aux spéculoos, mettre un papier cuisson ou un film alimentaire dans un moule à cake pour faciliter le démoulage.

Mettre le chocolat coupé en petits morceaux dans un cul-de-poule.

Chauffer la crème liquide et le beurre dans une casserole, à feu doux, jusqu'à ébullition. La verser sur le chocolat et bien mélanger, ajouter les spéculoos coupés en morceaux. Verser la préparation dans le moule et réserver au frais pendant 3 heures.

Pour la crème, battre les jaunes d'œuf et le sucre dans un cul-de-poule pour les blanchir. Ajouter la farine et mélanger encore. Chauffer le lait, la crème et la gousse de vanille dans une casserole, porter doucement à ébullition. Verser le mélange sur la préparation en remuant régulièrement.

Verser le mélange dans la casserole et porter doucement à ébullition en remuant constamment. Hors du feu, ajouter le beurre dans la préparation et laisser refroidir en remuant de temps en temps.

Vin : Pineau d'Aunis.

4 personnes

Terrine de chocolat aux spéculoos :
400 g de chocolat
200 g de spéculoos
35 cl de crème liquide
80 g de beurre

Crème Naoko :
10 cl de lait
40 cl de crème liquide
7 jaunes d'œuf
1 cuillère à soupe de farine
60 g de sucre en poudre
15 g de beurre
1/2 gousse de vanille

Le Cochon d'Or

Champagné

Certains tombent dans la marmite quand ils sont petits et d'autres sont plutôt bercés à la chaleur des fourneaux. Thierry Janvier fait partie de cette seconde catégorie. Ses parents tenaient un hôtel-restaurant à Saulges, joli village mayennais célèbre pour ses grottes; il aide donc très tôt en cuisine et sa vocation se dessine naturellement: cuisinier sera son métier.

C'est en douceur qu'il va entrer dans le monde de la gastronomie.

Il intègre l'école hôtelière de Saint-Quentin-en-Yvelines et travaille ensuite auprès d'un excellent chef parisien: Guy Tardif. Le premier établissement après une formation est souvent marquant pour un jeune cuisinier, il y découvre une nouvelle vision de la cuisine et y fait la connaissance de son futur associé, Olivier Daniel; ils reprendront ensemble *Le Cochon d'Or* à Champagné.

Pour progresser, il faut aussi se "frotter" aux grandes brigades, alors pendant 18 mois il exerce en tant que commis chez *Taillevent* à Paris, lieu mythique de la haute cuisine française. Il va alors avoir la chance de changer de poste tous les trois mois, tour à tour saucier, poissonnier, entremétier, grillardin. En répétant les mêmes tâches pour créer l'excellence, il acquiert une assurance et une maîtrise qu'il restitue avec brio dans sa cuisine aujourd'hui.

Il travaille ensuite au *Fouquet's* à Paris, au *Normandy* à Deauville; des noms qui

font rêver et pour lesquels Thierry Janvier a œuvré. Ce livre rend aussi hommage à tous ces commis, ces chefs de partie qui dans l'ombre des grands ténors des "pianos" participent au rayonnement de notre patrimoine culinaire à travers le monde.

En 1997, Thierry Janvier revient dans l'établissement familial à Saulges pour épauler son père. Il décroche le premier prix du Concours national de la cuisine du terroir et c'est l'homme au chapeau noir, Marc Veyrat, qui lui remet son trophée. En reprenant l'affaire de ses parents, il aurait pu suivre une voie déjà tracée, mais il préfère alors s'associer avec Olivier Daniel, un spécialiste de la salle, du bar et des vins pour reprendre *Le Cochon d'Or* tenu pendant 34 ans par le même chef. Les habitués lui ont d'ailleurs mis gentiment la pression et comme Thierry Janvier n'est pas un révolutionnaire, il a eu l'intelligence de ne pas modifier les habitudes des clients tout en imposant petit à petit son style. Il sait aussi que le goût en Sarthe est différent du goût à Paris et qu'on aime savoir ce que l'on mange. Il sert donc une cuisine inspirée du terroir et du marché, parsemée de touches inventives mais avec une grande justesse gustative. Thierry Janvier est un précis, un inventeur, qui aime rectifier les recettes, très soucieux du retour que la salle peut lui donner.

Malgré son superbe parcours auprès des élites de la cuisine française, son père reste pour lui sa référence culinaire et aujourd'hui c'est lui que Thierry aime chouchouter en douceur.

Thierry Janvier

Salade de ravioles de ris de veau aux pleurotes

4 personnes

1 ris de veau (400 g)
300 g de pleurotes
5 tomates
1 oignon
1 carotte
1 bouquet garni (thym et laurier)
250 g de salade
1/2 l de fond de veau
20 cl d'huile de tournesol
5 cl de vinaigre balsamique
20 feuilles de pâte
à ravioles chinoise
5 cl de Porto ou Madère
10 g de beurre
ciboulette

Monder les tomates, les couper en quatre, retirer l'intérieur, puis les déposer sur une plaque de four recouverte d'un papier sulfurisé huilé. Saler légèrement les tomates et sécher au four 4 h à 70° C.

Blanchir le ris de veau, éplucher l'oignon et la carotte, tailler en mirepoix. Après avoir salé, poivré et fariné le ris, bien le faire dorer dans une cocotte avec un peu d'huile et de beurre. Ajouter les carottes et les oignons, laisser suer quelques minutes, déglacer avec le Porto, ajouter le fond de veau et le bouquet garni. Cuire à couvert à feu doux pendant 25 mn puis sortir le ris et laisser refroidir. Faire réduire la sauce Porto, la passer au chinois et réserver.

Couper le pied des pleurotes et les effeuiller, les poêler avec un peu de beurre, saler et poivrer.

Étaler les feuilles de pâtes à ravioles, déposer au centre un morceau de ris de veau et parsemer de ciboulette. Mouiller le tour des ravioles à l'aide d'un pinceau, replier en deux en diagonales en pinçant bien les bordures. On obtient ainsi des ravioles triangulaires. Juste avant de servir, les cuire 1 mn dans l'eau salée.

Dans un bol, verser 5 cl de vinaigre balsamique, sel, poivre, 15 cl d'huile.

Dans un saladier, assaisonner la salade avec la vinaigrette et la déposer au centre de l'assiette. Disposer autour les pleurotes, les pétales de tomates et les ravioles tièdes. Finir avec un cordon de sauce Porto et quelques branches de ciboulette.

Vin : Chinon rouge.

Thierry Janvier

Moelleux aux griottes, tulipe de glace vanille

Préchauffer le four à 160° C. Laver et dénoyauter les griottes.

Réaliser "l'appareil à moelleux" : mélanger le sucre avec les œufs, incorporer les 2 farines et ajouter la crème liquide. Fendre la gousse de vanille, récupérer les graines avec un couteau et ajouter au mélange.

Beurrer et fariner un moule à tarte en porcelaine ou 4 petits moules individuels.

Verser l'appareil à moelleux, répartir les griottes en évitant d'en mettre contre les bords. Cuire au four thermostat 6 (160 à 180° C) pendant 25 à 35 mn.

Servir tiède accompagné d'une boule de glace vanille et éventuellement de quelques fruits frais et d'un coulis de fruits rouges.

Petit plus : réaliser vous-même une tulipe pour y déposer la glace : fouetter le sucre avec les blancs d'œuf, ajouter le beurre fondu puis la farine. Sur une plaque en silicone, déposer une cuillerée à café de cet appareil moelleux et l'étaler avec le dos d'une cuillère de façon à obtenir des disques de 10 cm de diamètre. Cuire au four 10 min environ, la pâte doit rester malléable pour la déposer aussitôt dans un moule à tulipe. Presser immédiatement la pâte encore chaude à l'aide d'un autre moule afin de former votre tulipe.

Vin : Rivesaltes.

4 personnes

Moelleux :
1/4 l de crème liquide 35 % mg
100 g de sucre semoule
2 œufs
20 g de farine
15 g de farine de maïs
300 g de griottes
1 gousse de vanille

Tulipes :
120 g de blancs d'œuf
100 g de farine
200 g de sucre semoule
100 g de beurre
4 boules de glace vanille

La Fontaine des Saveurs

Le Mans

Didier Gadois est sans nul doute le plus truculent et le plus passionné des chefs sarthois. Le "fait maison" est une religion pour lui. Il est de ces chefs qui se rendent au marché afin de rencontrer les producteurs, de comprendre leur travail et de leur expliquer de quelle façon il va transformer leurs produits.

Originaire de la Cité des 4000 à la Courneuve en Seine-Saint-Denis, il passe ses vacances d'été chez sa grand-mère à Parennes, près de Conlie. Cuire les grillades au feu de bois après avoir tué le cochon, goûter le beurre de baratte, apporter les bidons de lait au bout du chemin, tous ces souvenirs lui ont forgé le palais pour apprécier le goût de l'authentique.

Avec sa mère, il découvre la cuisine dite "bourgeoise", celle des bourguignons et des gâteaux de riz. Il est capable de dresser la liste complète des plats de son enfance tant il en est encore imprégné.

Didier Gadois est un observateur et, dès l'adolescence, il reproduit des recettes simples pour ses parents très occupés. Faire plaisir est souvent la première motivation des vrais chefs. À 16 ans, c'est un proviseur qui l'entraîne vers la grande histoire de sa vie.

En cinq mois seulement, il décroche son CAP de cuisinier et enchaîne les expériences dans plusieurs maisons parisiennes. Parmi ses multiples rencontres, certaines sont toujours très présentes à son esprit. Second de cuisine au restaurant *M* dans

le quartier des Halles qui se révélera un formidable lieu d'apprentissage tant pour la technique que pour l'esprit d'équipe. Guy Cros, le chef du *Guyonne*, une étoile au *Michelin*, lui apportera sa passion du métier doublé du grain de folie nécessaire à ce métier. Patrice Vidal, le grand spécialiste des vins, qui goûte chaque jour, en sa présence, une quinzaine de bouteilles, lui transmet la passion du vin. Il cite également Bernard Loiseau dont la verve le régalait à la radio.

En 1997, un peu lassé par la vie parisienne et impatient d'être son propre patron, il reprend, avec sa sœur, l'*Auberge de la Croix-Margot* à Beaumont-sur-Sarthe puis, en 2005, il s'installe à *L'Opéra* au Mans qu'il rebaptise *La Fontaine des Saveurs*. C'est un établissement à taille humaine pour ce chef qui travaille uniquement avec deux apprentis. Sarah, sa femme, le seconde en travaillant en salle.

Didier Gadois est un artisan doublé d'un artiste. Fou de son métier, il est un véritable créateur. Il vous entraîne, par le bout de la fourchette, sur des terres culinaires inconnues de vos palais. Pour lui, la cuisine rapproche les hommes.

Grâce à la récente rénovation de son laboratoire, il propose des cours en petit comité. Pour l'amour qu'il porte aux produits, pour sa gouaille, pour son humour et surtout pour la passion qu'il dégage, je vous conseille vivement de goûter sa cuisine hors du commun.

Didier Gadois

Pièce de bar rôti aux petits légumes à la coriandre

1 personne

1 pièce de bar de 400 g
50 cl de fumet de poisson
farine
huile d'olive
30 g de beurre
coriandre

Légumes nouveaux :
3 navets
3 carottes
2 oignons

Écailler la pièce de bar.

Couper aux ciseaux les nageoires dorsales, faire une incision sur le dos du poisson de la tête vers la queue, couper l'arête centrale et enlever les ouïes puis rincer le poisson.

Préparer les petits légumes nouveaux (navets, carottes, oignons) puis les cuire avec un fumet de poisson ou un jus de volaille (à défaut vin blanc, eau et beurre).

Commencer par cuire les carottes puis les oignons et terminer par les petits navets.

Prendre la pièce de bar, la fariner légèrement côté peau, puis la saisir à l'huile d'olive dans une poêle bien chaude.

Finir la cuisson 5 minutes environ au four, thermostat 180° C.

Faire fondre 30 g de beurre et laisser quelques instants afin qu'il prenne une couleur noisette (ce qu'on appelle un "beurre noisette").

Prendre vos petits légumes déjà cuits, les assaisonner à la coriandre, puis les poser délicatement dans le bar. Napper le tout généreusement avec votre beurre noisette.

Vin : Coteaux du Vendômois blanc.

Didier Gadois

Crémeux à la lavande

Faire bouillir le lait puis y ajouter 5 g de lavande et laisser infuser 7 mn avec un couvercle.

Casser les œufs dans un cul-de-poule, ajouter le sucre et blanchir le tout au fouet en remuant énergiquement.

Ajouter la farine ou la poudre à flan (si vous n'avez pas de poudre à flan, mettre uniquement la farine).

Passer le lait au chinois pour enlever la lavande et le verser sur le mélange œufs, sucre, poudre à flan. Mélanger. Cuire le tout sur feu vif 5 mn, en remuant constamment à l'aide d'un fouet.

Tremper la gélatine dans l'eau froide quelques minutes puis la presser fortement à la main pour enlever l'excédent d'eau. L'incorporer hors du feu à la préparation. Laisser refroidir quelques instants. Verser la préparation dans un des appareil à langues de chat, pâtes à cigarettes ou plus simplement dans des verrines et recouvrir de crème fouettée. Mettre votre préparation au froid.

Petit plus : faire cuire le sucre et l'eau puis incorporer le chocolat noir. Verser dans une verrine et laisser refroidir. Au moment de servir, rajouter la crème chantilly et une feuille de menthe.

Vin : Champagne.

4 personnes

1/4 l de lait
1 œuf
60 g de sucre en poudre
25 g de farine
ou 125 g de poudre à flan
5 g de lavande
1,5 feuille de gélatine
250 g de crème fouettée

Pour la petite verrine à côté :

50 g de chocolat noir
20 g de sirop
(1 cl d'eau et 10 g de sucre)
crème chantilly nature sucrée
menthe fraîche

Hôtel Ricordeau

Loué

L'enfance d'un chef est toujours riche d'enseignement: les premiers souvenirs sont souvent gustatifs. Didier Chapeau garde l'image de son père caramélisant au fer rouge les riz-au-lait de sa mère et de ses retours d'école passés à gratter la crème du tank à lait familial pour la manger sur du pain avec du chocolat en poudre. Il se souvient également de vacances chez sa tante à Loué, où la façade d'un bel et grand hôtel l'impressionnait déjà.

Après la 3e, il entame sa formation au lycée Hélène-Boucher du Mans: CAP, BEP, bac professionnel, au total 4 ans d'études assurées par d'excellents professeurs avec lesquels il est toujours en contact.

Il effectue son premier stage aux *Deux Alpes* avec Jean-Marc Molveaux, un Sarthois d'origine, qui lui apprend les bases de la cuisine de goût et du traditionnel avec, cependant des touches d'originalité encore présentes aujourd'hui sur sa carte.

Il retrouve plus tard dans sa carrière Jean-Marc Molveaux en tant que second de cuisine dans son établissement de Blois, *L'Orangerie du Château*, pour lequel celui-ci obtient une étoile au *Michelin*. Didier Chapeau se souvient avoir dû alors écourter ses vacances car le restaurant faisait le plein de réservations. Il en garde aussi la satisfaction d'avoir été partie prenante dans cet accessit.

Au concours culinaire Le Chaudron d'Argent auquel il termine deuxième, le président du jury est un certain Bernard Loiseau. Cette journée en compagnie du chef le plus emblématique des années 1990 résonne encore dans son esprit. La passion avec laquelle le chef de *La Côte d'Or*, à Saulieu (trois étoiles au *Michelin*), parle des produits, a conforté notre jeune chef sarthois dans ses convictions.

En 2001, il entre, en tant que second, par la grande porte au *Ricordeau*, sous la houlette de Jean-Yves Herman (*La Maison d'Élise* au Mans). Comme dans son enfance, il est toujours aussi impressionné. Son nouveau patron le fait évoluer vers une cuisine plus moderne. Après le départ de celui-ci, il en devient tout naturellement le chef, alors qu'Anne-Cécile et Ludovic Deschamps rachètent l'ensemble de l'établissement.

Il évolue chaque jour dans le cadre exceptionnel de l'immense cuisine en marbre conçue par M. Laurent, le successeur d'Émile Ricordeau. Derrière son piano rehaussé, il dirige avec calme une équipe de 6 personnes. Didier Chapeau est un adepte de la cuisine classique revisitée. Il puise parfois son inspiration dans les livres de cuisine et aime créer autour de nouveaux produits et d'épices du monde entier.

Il suffit de le regarder préparer une volaille de Loué pour comprendre son respect du produit et de la tradition, sa précision, son savoir-faire maîtrisé à la perfection, son imagination dans la présentation et la justesse de ses assaisonnements.

Il a pour lui de maintenir la réputation des tables du *Ricordeau* dans la lignée de ses illustres prédécesseurs. Ce n'est pas là la moindre de ses qualités.

Didier Chapeau

Langoustines bretonnes rôties à la royale de fèves

4 personnes

12 pièces de langoustines crue 10/15
1,2 kg (300 g décortiquées) de fèves
400 g d'oignons nouveaux
150 g de lard fumé (poitrine)
4 œufs de Loué
huile d'olive
80 g de beurre doux
125 cl de bouillon de volaille
25 cl de crème liquide
sel, poivre
sarriette
cerfeuil
30 g de caviar d'Aquitaine

Décortiquer les langoustines. Réserver au frais. Écosser les fèves, les blanchir 2 à 3 mn dans une eau bouillante salée, les rafraîchir ensuite dans une eau glacée. Enlever la peau qui entoure la fève.

Démarrer la crème de fèves : suer 80 g de lard fumé (taillé en petits dés) dans un peu d'huile d'olive, ajouter environ 150 g de jeunes oignons émincés, cuire pendant 5 mn. Ajouter 250 g de fèves, 75 cl de bouillon de volaille et une branche de sarriette. Laisser cuire et réduire de moitié. Ajouter 25 cl de crème et réduire à nouveau. Ensuite mixer en prenant soin d'enlever la sarriette avant. Passer au chinois.

Préparer l'appareil à royale : ajouter à la crème de fève encore tiède 2 œufs entiers et 2 jaunes, bien mélanger puis cuire au four à 86° C pendant 1 h 30. Verser dans des assiettes creuses ou verres cocktail.

Suer avec 60 g de lard fumé le restant des jeunes oignons émincés et ajouter 50 cl de bouillon de volaille, laisser cuire à feu doux. Une fois réduit de moitié, mixer, passer au chinois et monter au beurre. Vérifier l'assaisonnement et garder au chaud.

Assaisonner et poêler les queues de langoustine à l'huile d'olive quelques instants puis les poser sur la royale avec l'émulsion de jeunes oignons et quelques brins de cerfeuil.

Petit plus : déposer sur les langoustines une quenelle de grains de caviar.

Vin : Jasnières.

Didier Chapeau

Canette en deux cuissons et escalope de foie gras

4 personnes

Préparer la canette ou lever les cuisses et les séparer en deux, lever les filets avec l'aile et manchonner le bout de l'aile. Saler légèrement.

Fondre la graisse de canard et confire les morceaux de cuisse à feu doux sans porter à ébullition. Récupérer la chair et l'effilocher. Ciseler l'échalote, la suer dans un peu de beurre et ajouter la chair des cuisses; terminer la cuisson tout doucement en ajoutant 80 g de beurre et du persil plat haché. Réserver.

Éplucher le cerfeuil tubéreux (on peut le remplacer par des navets ou des topinambours), le cuire dans de l'eau bouillante salée, le passer au presse-purée et ajouter le beurre et le sel. Réserver.

Réduire 30 cl de vin rouge avec les épices presque à sec. Déglacer avec le fond de canard, réduire et monter au beurre.

Réaliser une purée de pommes ratte. Dans un moule rectangulaire, déposer la chair des cuisses confites, terminer en y ajoutant la purée.

Sauter les girolles avec l'huile d'olive, les échalotes ciselées et le persil.

Assaisonner les filets de canette et les poêler en les saisissant côté peau en premier. Terminer la cuisson au four à 180° C pendant 8 à 10 mn. Laisser reposer avant de servir.

Réchauffer la purée de cerfeuil tubéreux et tous les autres éléments.

Poêler les foies gras de canard en les saisissant sans ajout de matière grasse. Dresser à l'assiette.

Vin : Coteaux du Loir rouge.

une canette de Loué de 2,5 kg
4 escalopes de foie gras de canard de 250 g chacune
800 g de graisse de canard
1/2 botte de persil plat
500 g de girolles
2 échalotes, huile d'olive

Purée de pommes ratte :
300 g de pommes de terre ratte
20 cl de lait, 10 cl de crème
160 g de beurre, sel

Purée de cerfeuil :
1 cerfeuil tubéreux
beurre

Sauce :
50 cl de fond de canard
30 cl de vin rouge Coteaux du Loir
badiane, clou de girofle, coriandre
50 g de beurre, poivre

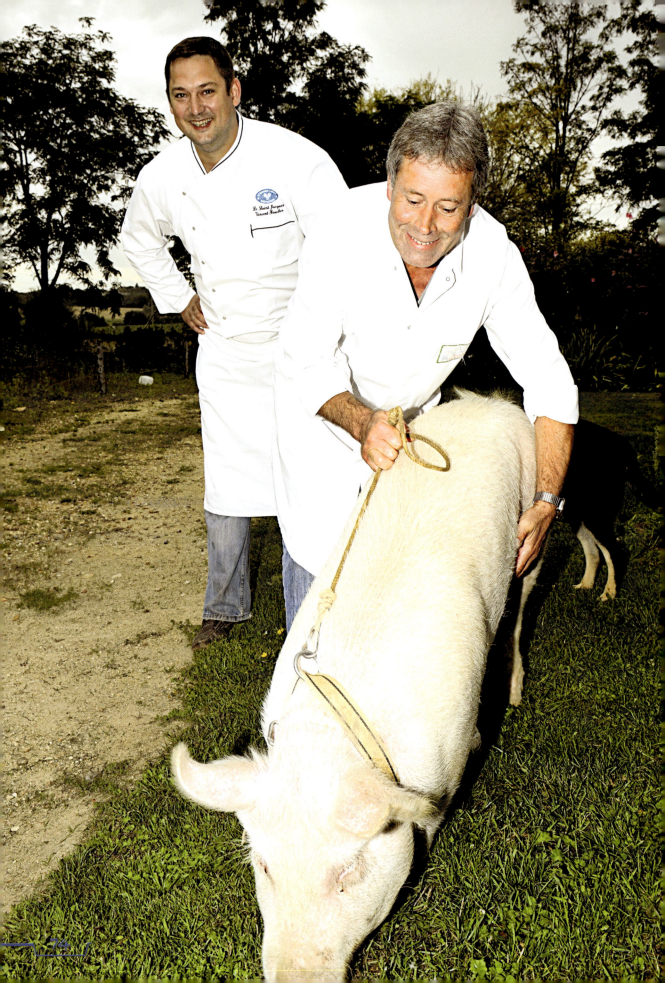

Hôtel Saint-Jacques
Thorigné-sur-Dué

Vincent Faucher est né à Limoges, région très proche de la nature, coincée entre le Nord et le Sud de la France où les souvenirs d'enfance riment avec parties de pêche, chasses aux champignons et pique-niques entre copains. Mais c'est en compagnie de ses deux grands-mères, "immenses cuisinières" à ses yeux, qu'il découvre plats en sauce et autres volailles rôties. Dans sa famille, on tue encore le cochon une fois l'an pour se rendre ensuite à la Foire au gras de Brive-la-Gaillarde. On y achète la matière première pour préparer les cous farcis, les confits et les foies gras.

Ces souvenirs sont impérissables et très formateurs pour la suite de son parcours. Baccalauréat en poche, il entre en IUT Technique de commercialisation. Une scolarité classique que Vincent Faucher suit sans enthousiasme. Il ne rate d'ailleurs aucune des émissions animées par Michel Oliver ou Maïté. Ses camarades l'aident à prendre conscience de son talent et de sa destinée.

Il entre, l'année suivante, à l'Institut Paul Bocuse, près de Lyon. Un matériel hors du commun associé à des professeurs tous Meilleurs Ouvriers de France lui font faire des pas de géant. Il entame un premier stage à *La Belle Otéro* du *Carlton*, à Cannes, avec Christian Sinicropi, actuellement le chef doublement étoilé de *La Palme d'or*, également à Cannes.

L'année suivante, il rejoint son maître de stage au *Buerehisel*, l'un des plus grands

restaurants de Strasbourg, en tant que commis, cette fois. Il vient d'être adoubé par la profession. Il retourne ensuite à Limoges comme second de cuisine à *L'Amphytrion*, une des bonnes tables limousines, fait un petit séjour au *Clovis*, à Paris et décide de partir pour Saint-Martin, dans les Caraïbes. Il y reste trois ans et en revient chef.

Après deux saisons en Corse, il part installer un nouvel établissement à Marrakech. C'est un premier grand tournant dans sa vie, d'abord parce qu'il va y rencontrer sa future épouse et ensuite parce qu'il va devoir tout gérer, de l'agencement des cuisines à l'achat du matériel et au recrutement du personnel. Le Maroc gâte cet amoureux des produits, les poissons frais, le souk aux épices, tout n'est que saveur, fraîcheur et goût. Il y prépare donc une cuisine d'inspiration tantôt française, tantôt marocaine, et même aux accents thaïlandais.

Quand il rentre en France, il ouvre *Le Clos des Cèdres*, près de Limoges, mais visite également *Le Saint-Jacques* à Thorigné-sur-Dué, où il s'installera peu de temps après. Il est émerveillé par les produits sarthois qu'il accommode sans difficulté et sait rapidement gagner la confiance de ses clients, grâce à une cuisine sincère, authentique, goûteuse, servie sur des assiettes joliment dressées.

La philosophie culinaire de Vincent Faucher est simple : produit, assaisonnement et maîtrise de la cuisson. Quel que soit l'endroit où l'on cuisine, si ce triptyque est respecté, "les plats seront bons". Ce chef a du talent et une grande envie de progresser, sa motivation reste cependant identique depuis ses vingt ans : régaler les siens et créer la convivialité autour d'un plat.

Vincent Faucher

Poitrine de cochon en cuisson de sept heures

4 personnes

1 kg de poitrine de porc
ail, thym, laurier, sel, poivre
100 g de graisse de canard

Accompagnement :

4 petits navets nouveaux
8 asperges vertes
4 carottes fanes
oignons grelot

Pommes purée :

1 kg de pommes de terre ratte
1/2 l de lait
sel, poivre
250 g de beurre

Sauce bordelaise :

150 g d'échalotes
1 l de vin rouge
fond de veau

Cuisson de la poitrine : inciser la couenne au couteau sur 5 mm de profondeur en croisant. Émincer l'ail et le disposer dans les incisions. Placer la poitrine dans un plat allant au four, assaisonner de fleur de sel, poivre, laurier, thym et recouvrir avec la graisse de canard. Couvrir avec un papier d'aluminium et enfourner à 110° C pendant 7 heures.

Pommes purée : peler les rattes et les mettre dans une casserole. Saler et poivrer. Rajouter le 1/2 litre de lait puis remplir à hauteur avec de l'eau. Contrôler la cuisson avec la pointe d'un couteau. Égoutter les pommes de terre et les passer au presse-purée. Incorporer le beurre puis une partie du lait de cuisson. Rectifier l'assaisonnement.

Sauce bordelaise : émincer les échalotes, les mettre dans une casserole avec le vin rouge puis faire réduire jusqu'à évaporation du vin. Ajouter le fond de veau (environ deux litres) et laisser réduire jusqu'à ce que la sauce devienne sirupeuse.

Cuire les légumes à l'anglaise (grand volume d'eau bien salée). On peut rajouter quelques oignons grelot revenus dans du beurre et du lard fumé coupé en petits dés.

Découper la poitrine en gros cubes, la déposer dans l'assiette en intercalant les légumes. Déposer une quenelle de purée et napper le tout avec la sauce bordelaise.

Vin : Bordeaux rouge (Saint-Estèphe).

Vincent Faucher

Piperade aigre-douce de thon

Saisir les bâtonnets de thon de chaque côté pendant une minute sur chaque face puis réserver dans un plat.

Réaliser la piperade aigre-douce : faire revenir oignons et poivrons ciselés avec l'ail, le thym et le laurier. Ajouter les épices au bout d'un quart d'heure de cuisson ainsi que le miel, le sucre et le vinaigre. Laisser confire encore 1/4 d'heure à feu très doux.

Poser les bâtonnets de thon dans un plat. Verser dessus la piperade encore chaude puis recouvrir d'un film plastique. Laisser reposer une nuit au réfrigérateur.

Dresser dans un cercle en inox de 10 cm de diamètre. Mettre la piperade dans le fond puis trancher votre bâtonnet de thon le plus fin possible et dresser en rosace.

Assaisonner avec le jus de la piperade et ajouter un peu d'huile d'olive et de fleur de sel. Placer dessus un petit bouquet de roquette. Assaisonner d'huile d'olive, de citron et de quelques copeaux de parmesan.

Vin : Côte du Rhône blanc (Saint-Peray).

4 personnes

600 g environ de thon coupé en 4 bâtonnets de 3 cm de côté sur 10 cm de long
1 poivron rouge
1 poivron vert
1 poivron jaune
1 oignon
2 gousses d'ail
thym, laurier
50 g de sucre
huile d'olive
8 cl vinaigre blanc
1 cuillère à soupe de miel

Épices pour la piperade :
cumin
gingembre
curcuma
piment d'Espelette
safran

Le Jardin sur le Pouce

Le Mans

Christian Monthéard est né et a passé toute son enfance au Mans. Fils d'horloger, il apprend à cuisiner par envie d'imitation : les plats de sa grand-mère mijotés sur la cuisinière à bois ont marqué son esprit et ses papilles. Il choisira le métier de chef pour assouvir son besoin d'indépendance ainsi que son amour des voyages et des rencontres.

Après un BEP-CAP au lycée Hélène-Boucher du Mans, il comprend rapidement que sa formation ne fait que débuter. À 16 ans et demi, il entre dans le monde du travail. Il s'exerce d'abord en Allemagne et part ensuite en Suisse puis au Château de Marçay à Chinon. En 1982, il vit une expérience extraordinaire : il devient cuisinier à bord du légendaire Orient-Express, véritable palace roulant entre Londres et Venise. Il garde, encore aujourd'hui, des souvenirs émerveillés de cette formidable expérience accompagnée de jeunes chefs prometteurs.

Il rejoint ensuite la brigade d'un homme qui sera déterminant dans l'approche de sa cuisine aujourd'hui : Michel Trama. À l'époque, il vient d'obtenir sa deuxième étoile au *Michelin* pour son restaurant de Puymirol, dans le Lot-et-Garonne. Christian Monthéard se reconnaît aussitôt dans cet autodidacte capable d'identifier quinze ingrédients dans un plat dégusté à l'aveugle.

Il a surtout appris que la cuisine est avant tout un métier de création et que remplir les assiettes ne suffit pas. À ses côtés, un

jeune âgé de 18 ans, doté d'un potentiel énorme et chez lequel Christian Monthéard perçoit déjà une maturité et une détermination hors du commun. Ce n'est autre que Jacques Pourcel, l'un des fameux jumeaux, 3 étoiles au *Michelin* pour leur restaurant *Le Jardin des Sens* à Montpellier et grand représentant aujourd'hui de la cuisine française à travers le monde.

Quand il décide de revenir en Sarthe et après un rendez-vous manqué avec M. Laurent chez *Ricordeau*, il devient chef de cuisine pendant 20 ans chez le célèbre traiteur sarthois Lerouge.

Son retour derrière les fourneaux se fait dans le nouveau quartier d'affaires de la gare sud du Mans avec un restaurant qui soigne le design autant dans le décor que dans l'assiette. Ses plats sont tout en couleur et en saveur, hors des sentiers battus. Christian Monthéard estime qu'un plat doit flatter l'œil avant d'être dégusté, l'accord doit se faire entre le contenu et le contenant. Il aime embarquer sa clientèle pour des voyages au long cours grâce à ses formules "plateau jardin" qui vous transportent en Asie, en Amérique du Sud ou en Toscane avec des mélanges subtils créés dans l'imaginaire d'un chef sachant assembler les textures, les goûts et les épices pour vous surprendre.

La cuisine de Christian Monthéard, c'est d'abord de la fraîcheur, des cuissons au cordeau et des présentations originales, un véritable équilibre.

À l'heure où l'uniformisation touche aussi la cuisine, tentez une nouvelle expérience sensorielle au *Jardin sur le Pouce* avec des plats créés par l'esprit voyageur du chef.

Christian Monthéard

Dorade marinée façon saltimbocca

4 personnes

12 filets de dorade grise
4 tranches fines de jambon sec
6 feuilles de sauge

Marinade :
20 g de vinaigre balsamique blanc
250 g d'huile d'olive extra
40 g d'oignons rouge, 40 g de carotte
5 g d'ail confit, 5 feuilles de sauge
1 pincée de poivre du moulin

Coulis d'épinards :
500 g d'épinards, menthe fraîche
100 g de bouillon de légumes
50 g d'huile d'olive, sel, poivre

Concassée de tomates :
3 cl de Martini blanc ou Noilly Prat
200 g de tomates fraîches
sel, poivre, 2 feuilles de sauge
75 g de bouillon de légumes

Préparer la marinade la veille. Hacher les carottes, les oignons rouges et la sauge. Mélanger avec le vinaigre balsamique blanc, l'huile d'olive, l'ail confit. Mettre dans un plat creux avec les filets de dorade.

Le jour même, retirer les filets de dorade marinés, les égoutter légèrement et mettre de côté 50 g de garniture et 75 g d'huile d'olive de la marinade. Les placer sur la peau dans un plat creux. Compter 3 filets par personne. Disposer sur chaque filet 1/3 de tranche de jambon sec puis 1/2 feuille de sauge. Rabattre le filet en portefeuille en le maintenant avec une pique en bois. Réserver.

Confectionner le coulis d'épinards. Faire suer très rapidement les épinards avec une cuillère d'huile d'olive. Ajouter le bouillon de légumes, cuire 1-2 mn, retirer du feu. Ajouter la menthe, le sel et le poivre. Mixer au blender en montant à l'huile d'olive. Réserver au chaud.

Pour la concassée de tomates : monder et évider les tomates. Égoutter les légumes de la marinade et les faire suer 3-4 mn, ajouter les tomates et le Martini blanc, puis le bouillon de légumes. Cuire 2 mn. Mixer au blender avec 2 feuilles de sauge puis monter avec l'huile de marinade, sel, poivre. Réserver au chaud.

Cuire les saltimbocca de dorade. Placer les filets sur une plaque légèrement huilée. Cuire au four en position grill à mi-hauteur 4 à 6 mn selon l'épaisseur. Assaisonner à la fleur de sel sur la peau croustillante.

Sur votre assiette, verser une ligne de concassée de tomate, une ligne de coulis d'épinards. Dresser les 3 filets de dorade entre ces lignes.

Vin : Arbois blanc.

Christian Monthéard

Tarte aux nectarines

Réaliser le biscuit : dans un saladier, verser tous les ingrédients et malaxer à la main jusqu'à l'obtention d'un mélange homogène. Portionner en boules de 40 à 50 g environ. Étaler les boules de pâte à l'aide d'une cuillère à l'intérieur d'un cercle en inox de 8 cm de diamètre posé sur une plaque huilée ou sur des plaques en silicone. Recommencer l'opération jusqu'à épuisement de la pâte. Cuire 12 à 15 mn à 150° C.

Couper les nectarines en dés et les poêler dans le miel, ajouter un tour de moulin de poivre.

Poser le biscuit sur une crème anglaise (facultatif) où auront infusé quelques baies de genièvre. Poser un cercle dessus, le remplir à mi-hauteur de la poêlée de nectarines refroidies.

Mixer les feuilles de basilic avec le mascarpone, former une quenelle et la déposer sur les nectarines. Ôter le cercle pour servir et recommencer l'opération pour chaque tarte.

Vin : Coteaux de l'Aubance.

10 personnes

Biscuit au cumin :
100 g de beurre
50 g de poudre d'amande
50 g de poudre de noix
50 g de farine
50 g de farine de châtaigne
80 g de spéculoos en poudre
12 g de poudre à lever
1 pincée de sel, 1 pincée de cumin
80 g de cassonnade
1 petit œuf

Garniture du biscuit :
6 nectarines (environ 600 g)
100 g de miel, poivre en moulin

Mascarpone au basilic :
150 g de mascarpone
3 à 4 feuilles de basilic frais
25 g de sucre glace

La Maison d'Élise
Le Mans

Originaire du Doubs, pays de la vache montbéliarde et du comté, Jean-Yves Herman en a gardé l'accent et surtout de beaux souvenirs d'enfance. Chez lui, il y a un grand jardin : dès son plus jeune âge, il aide sa mère à faire les conserves maison et prend goût à la cuisine.

Comme une maison ne se construit pas sans fondations solides, il commence son apprentissage dans l'un des meilleurs restaurants de Franche-Comté, à Baume-les-Dames, puis "émigre" ensuite en Bourgogne à Nuits-Saint-Georges, village mythique pour les amateurs de grands vins, et apprend la grande cuisine dans un 2 étoiles au *Michelin*; ce sera l'une des étapes importantes de sa vie puisqu'il y rencontre aussi sa femme.

Ensemble, ils partent en Suisse pour travailler dans de célèbres maisons avant de revenir en France pour se former à la gestion financière et au management au sein du groupe Accor. D'abord à la Roche-sur-Yon puis ensuite à La Baule, dans un centre de thalassothérapie où il apprend le métier de chef d'entreprise.

La vie lui offre ensuite une opportunité puisqu'on lui propose de devenir chef des cuisines du *Ricordeau* à Loué en 1996. L'histoire d'amour avec la Sarthe peut enfin commencer. Il relève le défi avec brio et rachète après 2 ans l'établissement sarthois. Entre-temps il a obtenu le prix du Coq Saint-Honoré (concours d'art culinaire reconnu dans le monde entier).

Lui et sa femme restent 14 ans à Loué avant d'ouvrir au Mans *La Maison d'Élise* (prénom de leur fille), un restaurant gastronomique qui changera plusieurs fois d'adresse avant de se fixer aujourd'hui dans le Vieux-Mans. Récemment, il a ouvert, toujours dans la vieille ville, *Les Cocottes Sarthoises*, un restaurant à l'esprit bistrot dont tous les plats sont servis en cocottes mais toujours à la sauce "Herman".

Lorsqu'on lui demande de définir sa cuisine, il vous parle d'abord produits. Dans une région comme la Sarthe, où l'identité culinaire est encore à inventer, il est devenu en quelques années l'un de ses meilleurs représentants.

À *La Maison d'Élise*, ils sont dix en cuisine ; il sait s'entourer de professionnels aux C.V. impressionnants et avec qui il compose plus qu'il n'impose. La cuisine y est d'inspiration et respecte à la lettre les saisons et le terroir sarthois.

Ses références sont Michel Bras à Laguiole, Troisgros à Roanne ou encore Roellinger à Cancale qui, un soir de blues, a su lui redonner le goût de cuisiner. Il ne se compare pas à ces grands-là mais tend à les suivre dans leur quête du goût. Il a compris que la cuisine pouvait transporter un être humain si on sait l'imprégner d'une région et rester sincère.

Le chemin est encore long, Jean-Yves Herman le sait, mais il fait ce métier pour donner aux autres, pour sublimer le produit et lorsqu'on lui parle d'avenir, il se voit bien dans une dizaine d'années transmettre le flambeau à son fils, lui-même cuisinier talentueux, et ouvrir une école de cuisine pour tous ou écrire des livres de recettes, mais surtout prendre encore le temps de donner aux autres, lui qui estime avoir beaucoup reçu.

Jean-Yves Herman fait partie de ces gens qui savent que la plus grande richesse est celle du cœur. Le sien est devenu sarthois et il est aujourd'hui l'une des chevilles ouvrières de cette génération de chefs qui feront de notre département un endroit reconnu pour la qualité de sa cuisine.

Jean-Yves Herman

Fondant de poulet fermier aux légumes de printemps

4 personnes

1 poulet fermier de Loué
1,25 l de bouillon de volaille
1/4 l de Jasnières
1 bouquet garni
200 g de beurre doux
12 mini-poireaux
100 g de pousses d'épinard
100 g de petits pois écossés
200 g de pommes de terre nouvelles

Couper le poulet en 8, le déposer dans un sautoir, ajouter 100 g de beurre, le Jasnières, 1 litre de bouillon et ajouter un bouquet garni. Couvrir d'une feuille d'aluminium et cuire environ 35 mn. Réduire à sec, caraméliser et laisser reposer au chaud.

Couper les pommes de terre en 2, les déposer dans une poêle avec du beurre, de l'eau à hauteur et du sel. Couvrir d'une feuille d'aluminium, réduire à sec et caraméliser. Renouveler l'opération avec les petits pois et les poireaux. Réserver.

Retirer les morceaux de poulet, enlever l'excédent de graisse et déglacer avec le reste du bouillon de volaille, réduire. Bien détacher les sucs, passer au chinois.

Faire tomber les pousses d'épinard avec un peu de beurre, une goutte d'eau et un peu de sel.

Réchauffer les légumes et le poulet, dresser et napper de sauce.

Vin : Coteaux du Loir rouge.

Jean-Yves Herman

Entremets aux reinettes du Mans et pralines roses

Préparer l'appareil à tuile en mélangeant le sucre, la farine, le coulis. Y ajouter le beurre. Étaler sur une plaque en silicone ou sur une plaque en fer avec une feuille de papier cuisson. Cuire 5 minutes au four à 170° C. Retirer et former les tuiles.

Éplucher les pommes, les tailler en dés puis les poêler dans le beurre et le sucre. Réserver.

Casser les œufs et les blanchir au fouet avec les 35 g de sucre. Ajouter la crème et les pralines concassées. Mixer.

Sur des cercles inox, déposer du papier film et de l'aluminium, tenir avec un élastique, le retourner et déposer les dés de pommes puis ajouter l'appareil praline. Cuire 45 minutes dans un four à 80° C. Refroidir.

Enlever l'élastique, le papier film et l'aluminium. Chauffer le cercle pour faciliter le démoulage. Saupoudrer de sucre cassonade et caraméliser à l'aide d'un chalumeau ou sous le grill du four.

Disposer l'entremets au centre d'une assiette, décorer avec un coulis de fruits rouges. Puis déposer sur le dessus une glace pralines roses (commandée chez votre pâtissier). Ajouter la tuile.

Si vous souhaitez préparer la glace aux pralines roses vous-même, blanchir les jaunes et le sucre, faire bouillir le lait et la crème, ajouter les pralines. Verser sur les jaunes, cuire à 83° C. Bien refroidir et turbiner en sorbetière.

Vin: Champagne rosé.

4 personnes

Appareil à tuile :
60 g de sucre, 45 g de farine
40 g de beurre fondu
50 g de coulis de fruits rouges

Cuisson des pommes :
2 pommes de reinette
50 g de sucre pour les pommes
30 g de beurre

Appareil à entremets :
2 œufs de Loué
35 g de sucre, 30 cl de crème
80 g de pralines roses
40 g de sucre cassonade

Glace pralines roses :
1/4 l de lait, 75 g de crème liquide
75 g de sucre semoule
3 jaunes d'œuf
50 g de pralines roses

Les Mères Cocottes

Beaumont-sur-Dême

La première Cocotte, c'est Valérie Sardo. D'origine espagnole, elle a grandi entre Toulon et Hyères, là où les odeurs du bassin méditerranéen sont si intenses, là où les marchés sont les plus colorés de France, entre un grand-père restaurateur et une maman excellente cuisinière qui a toujours souhaité ouvrir son propre restaurant.

La deuxième Cocotte, c'est Marine Clouet d'Orval. Elle a passé son enfance à Chemillé-sur-Dême (Indre-et-Loire), dans une famille où elle est vite surnommée "maître salade" tant elle aime associer les saveurs, les couleurs et les goûts et devient aussi très jeune une spécialiste des desserts. À 8 ans, elle veut déjà transformer la maison familiale en restaurant.

Valérie Sardo entame une carrière de comédienne, elle fait également de la télévision et a même été chroniqueuse gastronomique à la radio. Elle ne néglige cependant pas les fourneaux : pendant le festival d'Avignon, elle est à peine descendue des planches, qu'elle prépare les repas pour toute la troupe et déjà ses plats sont simples, goûteux et mijotés. Ces tournées théâtrales aux quatre coins de la France lui permettent de se forger les papilles à grands coups de spécialités locales dont elle garde des milliers de souvenirs gustatifs et une vraie passion pour les produits du terroir.

Pendant ce temps, Marine Clouet d'Orval étudie dans une école de commerce et s'occupe ensuite de logistique

dans une grande maison d'édition qui publie notamment des livres de cuisine, elle ne s'éloigne donc jamais de sa véritable passion et grâce à son mari qui la fait progresser vers des plats plus élaborés, elle finalise son goût pour la cuisine.

Car *Les Mères Cocottes*, c'est aussi une affaire d'hommes. Leurs maris respectifs sont des amis d'enfance, fines gueules et bons cuisiniers eux-mêmes. Elles apprennent à se connaître grâce à eux et les vacances à quatre tournent vite aux joutes culinaires.

Et comme souvent dans les grands projets, la conjoncture s'en mêle : Marine commence à se lasser de son travail, Valérie souhaite réduire ses activités et elles se mettent à cuisiner ensemble pour des buffets ou des soirées organisées par des amis. La complémentarité et le bonheur de travailler ensemble leur sautent alors aux yeux et elles décident de monter leur propre affaire. Les Mères Cocottes n'avaient plus qu'à se trouver un poulailler : il ne pouvait être qu'à la campagne.

À Beaumont-sur-Dême, l'accueil a été chaleureux. Elles créent au cœur même du village une épicerie, un café puis un restaurant, un endroit à l'image des habitants de ce coin de Sarthe où il fait bon vivre.

Chez *Les Mères Cocottes*, on ne triche pas, vous y êtes accueillis comme des amis, et on vous sert sans ostentation et avec sincérité des plats canailles, le plus souvent préparés avec des produits locaux et toujours frais. Leur cuisine de terroir au sens noble du terme est préparée et servie de l'entrée au dessert dans ce récipient qui développe l'arôme des aliments mijotés : la cocotte.

Au cœur de ce restaurant de village comme il n'en existe presque plus, même si vous venez d'ailleurs, vous vous sentirez comme des coqs en pâte, couvé par les bonnes intentions de nos deux Mères Cocottes.

Valérie Sardo et Marine Clouet d'Orval

Ragoût d'agneau en persillade

4 personnes

600 g de collier ou autre d'agneau
1 cuillère à soupe de maïzena ou de farine
1 l de bouillon de poule
4 ou 5 pommes de terre
2 carottes
1 bouquet de persil
6 à 7 gousses d'ail
sel, poivre
un peu d'huile

Faire revenir les morceaux de viande dans une cocotte en fonte.

Retirer les morceaux de viande et les mettre dans une assiette.

Mélanger dans la cocotte une cuillère de maïzena ou de farine pendant 1 minute puis ajouter le bouillon de poule jusqu'à recouvrir la viande. Assaisonner. Goûter.

Remettre la viande et laisser cuire 1/2 heure. Pendant ce temps, découper les carottes en bâtonnets et les faire frire à la poêle. Peler et couper en morceaux les pommes de terre puis les déposer dans la cocotte 10 mn avant la fin de la cuisson.

Hacher l'ail et le persil. Une fois le feu éteint, les déposer dans la cocotte. Couvrir et laisser reposer quelques instants. Servir.

Vin : Sancerre rouge.

Valérie Sardo et Marine Clouet d'Orval

Tarte cocotte

6 à 8 personnes

2 kg de pommes de reinette ou clochard (pommes qui tiennent bien à la cuisson)
70 g de beurre
200 g de sucre en poudre

Pâte demi-feuilletée dite "à l'alsacienne" :
250 g de farine
150 g de beurre
1 pincée de sel
1 petit verre d'eau

Dans un cul-de-poule, versez la farine, coupez le beurre en petits morceaux et incorporez-le du bout des doigts afin d'obtenir une grosse semoule grumeleuse. Puis versez l'eau tiède salée. Mélangez le tout jusqu'à ce que la pâte forme une boule. Laissez reposer 1 à 2 heures.

Préchauffez le four à 180° C.

Épluchez les pommes, coupez-les en gros morceaux. Faites fondre le beurre dans la cocotte. Ajoutez les pommes, enrobez-les de beurre en les tournant avec une cuillère en bois sur feu doux. Versez le sucre.

Laissez les pommes blondir, puis stoppez la cuisson.

Roulez la pâte sous la paume de la main pour la rendre lisse puis étalez-la jusqu'à obtenir un rond du même diamètre que la cocotte. Posez-la sur les pommes, faites un petit trou au milieu de la pâte ou piquez-la à la fourchette, afin qu'elle ne gonfle pas.

Posez le couvercle et enfournez la cocotte pendant environ 50 mn. Quand la croûte est bien dorée, la tarte est cuite.

Ôtez le couvercle, détachez les bords avec un couteau. Posez un plat sur la cocotte, retournez-la sans vous brûler. La tarte se détache toute seule.

Servez-la encore tiède, elle est beaucoup plus savoureuse.

Vin : Anjou blanc (Coteaux du Layon).

Le Moulin des Quatre Saisons
La Flèche

À 10 ans, le plaisir du dimanche matin de Camille Constantin, avant de partir jouer au foot, était d'apporter le petit-déjeuner au lit à ses parents. Au menu: croissants, pains au chocolat et brioches surfines qu'il fabriquait lui-même à partir du livre de recettes de Lenôtre. Quand il a dû annoncer à ses parents que sa vocation était d'être cuisinier, ce fils de vétérinaire ayant une sœur en prépa HEC a eu peur de les décevoir; mais la réponse de son père résonne encore dans sa tête: "La plus belle chose de notre vie est que tu puisses faire le métier qui te plaît et que chaque matin tu te lèves avec la passion de l'accomplir".

Sa carrière professionnelle débute à *L'Hermitage* de la Baule puis chez *Ricordeau*, à Loué à l'époque de M. Laurent, celui qui fit construire l'une des plus belles cuisines sarthoises, toute en marbre. Ensuite il passe trois ans chez Gérard Cagna à Cormeilles-en-Vexin (2 étoiles au *Michelin*), travaille ensuite au *Crayères* à Reims et enfin sera chef de partie chez Laurent à Paris en compagnie du bras droit de Joël Robuchon.

Ensuite, c'est le grand saut: avec sa femme Karoline, Autrichienne d'origine, ils ouvrent un restaurant à Beyrouth au Liban. Dans ce pays au contexte politique compliqué, c'est pour eux une aventure extraordinaire mais difficile qui confirme cependant leur volonté de voler de leurs propres ailes bien que les parents de Karoline leur proposent de reprendre le restaurant familial.

Le coup de cœur arrive en 1996. Il se produit en bord de Loir à La Flèche et s'appelle *La Taverne du Moulin* qu'ils rebaptisent *Le Moulin des Quatre Saisons*. La cuisine y est éclectique, à l'image de leur parcours : c'est une cuisine d'inspiration, au gré du marché (la dernière carte de printemps a été changée 17 fois cette année). Camille Constantin est toujours à l'affût de la nouveauté et n'hésite pas à vous faire voyager avec des produits rares et exotiques qu'il sait accommoder à des bases sarthoises. Ne croyez pas que le chef se disperse, bien au contraire, les grandes maisons qui l'ont formé lui ont appris la rigueur mais aussi l'esthétisme dans la présentation.

Sa cuisine est aussi influencée par les saisons. Si le temps est au beau, il vous emmène vers le Sud et dès que les températures baissent, il vous dirige plus au Nord ; Camille Constantin est sûrement l'un des cuisiniers les plus inventifs de la Sarthe.

C'est un chef heureux, toujours prêt à partager avec sa clientèle le bonheur d'être à table et qui pense que la passion amène le bon. Il mériterait bien une récompense mais comme tous les chefs, il pense que la seule est la reconnaissance de sa clientèle. Il est pourtant passé à côté de belles occasions, comme celle de travailler avec Alain Ducasse, qui deviendra par la suite le chef le plus étoilé de France et nul doute qu'avec son talent, sa fougue et sa détermination, il serait aujourd'hui chef de l'un de ses restaurants.

Réjouissons-nous qu'il soit en Sarthe, dans ce magnifique moulin en bord du Loir et légèrement à l'écart des bruits de la ville, où il nous invite à apprécier le plaisir d'un plat fait avec passion et panache.

Camille Constantin

Saint-Pierre cuit meunière et son risotto exotique

4 personnes

Saint-Pierre :
4 filets de Saint-Pierre
10 g d'huile d'olive, 20 g de beurre
1 gousse d'ail, 1 branche de romarin
1 pincée de persil haché, 1 citron

Risotto :
1 échalote, 125 g de riz risotto
12,5 cl de vin blanc
40 cl g de bouillon de volaille
40 g de noix de coco râpée
160 g d'ananas, 160 g de mangue
20 cl de crème liquide
20 g de parmesan râpé
1/4 de botte de ciboulette
10 g de menthe hachée
20 g de roquette

Sauce au lait de coco :
2 échalotes, 1 cuillère à soupe d'huile d'olive, 1 cuillère à café de beurre, 10 cl de vin blanc sec,
35 cl de lait de coco non sucré, 20 cl de crème 35%, 40 cl de fumet de poisson, 1/2 c. à café de curry rouge

Pour le risotto, faire suer une échalote, ajouter le riz et le nacrer. Ajouter le bouillon de volaille et le vin blanc. À la fin de la cuisson du risotto, ajouter la noix de coco, les dés d'ananas et de mangue. Au dernier moment, ajouter le parmesan, la ciboulette, la menthe hachée, la roquette et la crème liquide montée au fouet.

Pour la sauce, faire suer les échalotes sans coloration dans l'huile d'olive et le beurre. Au bout de 2 à 3 minutes, déglacer au vin blanc et laisser réduire de moitié. Hors du feu, verser le lait de coco, la crème, le fumet de poisson et le curry rouge. Porter le tout à ébullition et laisser frémir à découvert pendant 15 à 20 mn, jusqu'à obtention d'une sauce onctueuse. Passer la sauce au mixeur, puis dans un chinois. La maintenir au chaud. Juste avant le dressage, repasser au mixeur, afin d'obtenir l'écume.

À l'envoi du plat, faire saisir dans une poêle les saint-Pierre côté peau. Dès leur coloration, ajouter l'ail, le romarin et le beurre. Les arroser avec le beurre de cuisson, puis les retourner côté chair. Ajouter quelques gouttes de jus de citron, le persil, la fleur de sel et retirer aussitôt.

Disposer le risotto crémeux au fond d'une assiette creuse, le saint-Pierre et autour, l'écume de sauce au lait de coco.

Vin : Vouvray blanc (demi-sec).

Camille Constantin

Tartelette aux abricots

Déposer la farine sur un plan de travail. Faire un puits au centre. Y déposer le sucre et la poudre d'amande. Incorporer les morceaux de beurre pommade et réaliser une pâte (ne pas trop la manipuler). Sur une plaque allant au four, déposer dans des cercles de 12 cm de diamètre environ 50 g de pâte. Précuire à 160° C pendant 12 mn puis laisser refroidir dans les cercles.

Pour la crème pâtissière, mettre à bouillir le lait. Puis blanchir les jaunes et le sucre dans un cul-de-poule. Y ajouter la farine et y verser le lait bouillant. Fouetter énergiquement sur le gaz, cuire jusqu'à grosse ébullition et débarrasser. Rajouter du beurre. Laisser refroidir.

Déposer sur la pâte (toujours dans les cercles) la crème pâtissière puis les abricots finement émincés par-dessus en rosace. Saupoudrer de cassonade et mettre quelques morceaux de beurre. Finir de cuire à 200° C pendant 5-6 mn.

Retirer les cercles et décorer de fruits rouges comme fraise, myrtille, framboise et mûre, d'un physalis et d'une feuille de menthe.

Petit plus : accompagner la tarte d'une glace amande.

Vin : Coteaux du Layon blanc.

4 personnes

Pâte sablée :
220 g de farine
100 g de sucre
120 g de poudre d'amande
200 g de beurre pommade

Crème pâtissière :
250 ml de lait
1/2 g de vanille
50 g de jaune d'œuf
50 g de sucre
25 g de poudre à flan

Garnissage :
8 pièces d'abricot
cassonade, beurre
glace amande

Décoration :
fraise, myrtille, framboise, mûre,
physalis, menthe, citronnelle

Le Panier Fleuri

Sceaux-sur-Huisne

Dès l'âge de 12 ans, Laurent Vannier était déjà le chef lors de soirées entre amis et, bien que le premier plat à l'avoir rendu célèbre fût le couscous, il reste très attaché au terroir sarthois.

Son baccalauréat en poche, il entre à l'école hôtelière Jean-Ferrandi à Paris. Une première expérience catastrophique au Canada lui fait vite comprendre ce que travailleur immigré veut dire. Il revient à Paris, au *Conti*, un des rares restaurants italiens étoilés au *Michelin*, où l'on sert des lasagnes de homard encore présentes à son esprit. Il poursuit dans l'établissement de Patrick Cirotte, à l'époque chef pour *Matin-Bonheur* sur Antenne 2. Puis il s'oriente vers des adresses prestigieuses de la Touraine sans en garder un excellent souvenir. Il se réconcilie avec les maisons prestigieuses en travaillant quelque temps au *Château de Beaulieu*, à Joué-les-Tours.

En suivant la Loire jusqu'à Nantes, il y fait une rencontre importante, celle de Gérard Ryngel, le chef de *La Villa mon rêve*. Celui-ci va lui transmettre l'amour des poissons de Loire comme l'alose, le sandre, le brochet, les civelles et surtout le saumon, mais aussi le goût des sauces simples comme le beurre blanc.

Enfin, il travaille comme responsable de cuisine au *Château de Didonne*, près de Royan, où il rencontre sa belle Hélène.

Il peut dès lors revenir en Sarthe, dans le pays fertois de son enfance et s'installer au *Panier Fleuri*, à Sceaux-sur-Huisne.

Ici, tout est fait maison, au dernier moment et dans la simplicité, comme il le dit, mais avant tout en respectant l'excellence des produits. Une fine sélection de vins accompagne ses plats. Hélène excelle dans l'art des accords mets-vins et des découvertes à prix raisonnables.

La cuisine du *Panier Fleuri* est plutôt campagnarde. Adjectif qui prend tout son sens car c'est presque une cuisine de grand-mère. Ses souvenirs d'été à la ferme avec les odeurs de confiture cuisant sur le coin du fourneau et les terrines fumantes sortant du four fournissent à Laurent Vannier son inspiration de cuisinier. Sans nostalgie, il sait s'entourer de producteurs qui lui permettent de créer des plats véritablement inspirés par le terroir. Il est d'ailleurs comme le cueilleur de champignons qui ne révèle pas ses bons coins quand vous lui parlez de ses fournisseurs.

Il veut surtout respecter les produits. Chez lui, les saveurs sont brutes, on ne passe pas les sauces au chinois, les plats parlent d'eux-mêmes et le chef aime les laisser s'exprimer. Mais attention, sa cuisine est gastronomique car, pour travailler sans artifice et sans filet, il faut maîtriser ses cuissons et ses mélanges.

Laurent et Hélène sont indissociables et complémentaires, ils ont la même philosophie, celle du partage, l'esprit du *Panier Fleuri*.

Hélène et Laurent Vannier

Marbré de camembert

4 personnes

350 g de crème liquide
1 camembert au lait cru coupé en morceaux
250 g de jeunes pousses d'épinards
20 g de beurre
3 œufs
2 g de sel
1 rillon
salade

Préchauffer le four.

Faire bouillir la crème, y faire fondre le camembert et laisser refroidir.

Faire suer les pousses d'épinards dans une poêle avec du beurre.

Mélanger œufs, sel et la préparation crème-camembert.

Beurrer quatre cassolettes, y déposer la tombée d'épinard, recouvrir avec l'appareil et mettre au four 15 à 20 mn.

Pendant ce temps, préparer une petite salade d'accompagnement, y ajouter le rillon coupé en tranche, préalablement grillé.

Vin : Chinon rouge.

Hélène et Laurent Vannier

Côtes de veau au miel, pommes et courgettes

Fariner les côtes de veau et les cuire dans un beurre noisette. Les Marquez des deux côtés dans une poêle bien chaude pendant environ 20 mn puis les mettre au four à 200° C.

Préparer la sauce dans la poêle ayant servi à marquer les côtes. Faites suer les échalotes avec la mignonnette de poivre. Enlever l'excès de graisse, ajouter le sucre, le miel et le vinaigre. Faire réduire puis ajouter le fond de veau et laisser encore réduire. Ensuite, monter le tout au beurre.

Préparer l'accompagnement en épluchant les pommes. Les couper en huit. Dans une poêle, mettre une noisette de beurre et les colorer puis les faire sauter 2 mn et rajouter une cuillère à soupe de miel. Laisser caraméliser.

Faire les tagliatelles de courgettes à l'aide d'un économe dans la longueur et les cuire 1 mn maximum dans une poêle chaude avec un filet d'huile d'olive.

Pour le gratin de pommes de terre, éplucher et couper en rondelles de 5 mm d'épaisseur les pommes de terre sans les rincer (pour garder la fécule). Les faire bouillir avec le mélange ail, crème liquide. Assaisonner. Les cuire à feu doux.

Une fois les pommes de terre cuites, remplir des moules à gratin avec le mélange, recouvrir de gruyère râpé et mettre au four 30 à 40 mn à 200° C.

Vin : Coteaux du Vendômois rouge.

4 personnes

2 côtes de veau de 500 à 600 g
4 pommes acidulées
1 cuillère de miel d'acacia
2 courgettes
huile d'olive

Sauce miel :

15 g de sucre
60 g de miel
100 g de vinaigre de vin
3 échalotes
20 cl de fond de veau
30 g de beurre
mignonnette cinq poivres

Gratin de pommes de terre :

1,5 kg de pommes de terre
30 g d'ail haché
400 g de crème liquide
40 cl de lait, gruyère râpé

Le Parvis Saint-Hilaire

Le Mans

Damien Corvazier est né dans la maison de ses parents à Saint-Marc-d'Outillé et il garde des plats de son enfance, des souvenirs très précis, notamment celui des volailles rôties, élevées dans le poulailler familial, accompagnées de châtaignes ramassées en forêt et de pommes de terre du jardin, une vraie madeleine de Proust.

Considéré par l'ensemble de ses confrères comme l'un des meilleurs chefs sarthois, Damien Corvazier reste aussi l'un des plus modestes. Doué pour les études, il va devoir imposer à ses parents de devenir apprenti plutôt que de suivre un cursus classique dans un lycée.

C'est à Vibraye, à *L'Auberge de la Forêt*, qu'il va faire ses premières armes. CAP en poche et après une courte expérience à Paris, il intègre le restaurant *Les Célébrités*, toujours à Paris peu de temps avant la passation entre Joël Robuchon et Jacques Sénéchal, un ancien de *La Tour d'Argent*.

Il a tout juste 18 ans et profite de l'aura de ces deux grands chefs pour s'inscrire à des concours culinaires. Il remporte celui de Rouen (très bien coté à l'époque) et, sur les conseils de Joël Robuchon, de simple commis, il demande à être surclassé en tant que chef pour le concours d'Arpajon où il termine à la deuxième place, face à des concurrents aujourd'hui reconnus dans le monde culinaire.

Il est ensuite appelé sous les drapeaux à Rennes. Il va continuer de s'exercer à la cuisine haut de gamme puisqu'il est

affecté au service d'un général dirigeant toute la région du Grand Ouest.

Philippe Groult, Meilleur Ouvrier de France et second de Robuchon, fait appel à Damien Corvazier lorsqu'il devient chef des cuisines du *Manoir de Paris*, restaurant lancé par le couple Denise Fabre et Francis Vandenhende.

Il rejoint ensuite la chaîne des hôtels-restaurants Campanile à Issy-les-Moulineaux pour y prendre son premier poste de chef. À l'époque, cet établissement pratiquait une vraie cuisine gastronomique et était le plus coté de la ville.

Après cette expérience, il cherche à s'installer au Mans avec son épouse et leurs deux enfants. Une ancienne crêperie est à louer place Saint-Hilaire, au pied de l'escalier de la Grande-Poterne, en bas du Vieux-Mans. *Le Parvis Saint-Hilaire* est né.

Pour le chef, cuisiner rime avec sentiments. Il travaille avec le cœur en cherchant à retrouver les parfums de sa jeunesse, liés à la terre. Une terre qu'il souhaite préserver de plus en plus en utilisant souvent les produits locaux et bio en évitant tout additif. Également très attaché au bien-être animal, il sélectionne des œufs et viandes élevés dans les meilleures conditions.

Depuis 15 ans, ce membre actif des 19 Bonnes tables sarthoises, toujours à la recherche de l'accord parfait, fait évoluer sa cuisine grâce aux épices, aux aromates et aux cuissons justes. Damien Corvazier cuisine pour vous faire du bien, dans la simplicité, synonyme pour lui de sagesse.

Damien Corvazier

Terrine de légumes au quinoa et curcuma

4 personnes

100 g d'échalotes
50 g de riz complet
50 g de lentilles corail
50 g de quinoa entier
50 g de pois cassés
100 g de polenta
60 g de farine d'épautre
60 g de farine de quinoa
3 œufs
400 g de poireau
800 g de différents gros dés de légumes en fonction de la saison
sel de Guérande
poivre
huile d'olive et curcuma

Dans une cocotte allant au four, faire suer les échalotes ciselées dans l'huile d'olive. Ajouter le riz et le nacrer. Puis, feu coupé, ajouter les pois cassés, assaisonner de sel de Guérande, de poivre et de curcuma. Mouiller 5 fois la préparation avec un bouillon de légumes puis mettre au four à couvert 20 mn à 150° C. Ensuite, ajouter les lentilles corail et le quinoa. Finir la cuisson au four environ 40 mn jusqu'à totale évaporation. Rajouter si besoin du bouillon pendant la cuisson.

Faire suer le poireau émincé finement jusqu'à ce qu'il soit tendre.

Cuire à l'anglaise (eau salée bouillante), 800 g de gros dés de légumes : carotte, céleri-rave, brocoli, courgette, navet, chou-fleur ou rave etc. Égoutter et réserver les légumes et l'eau de cuisson.

Mélanger ces trois préparations en ajoutant 3 œufs, la farine d'épautre et la farine de quinoa. Rectifier l'assaisonnement puis ajouter 3 g de curcuma.

Tapisser les flans et le fond d'une terrine avec le beurre et le quinoa entier puis y verser le mélange. Cuire au four 1 h à 160° C, au bain-marie.

Lorsque la terrine est froide, couper des tranches et les poêler rapidement sur les deux faces à l'huile d'olive. Servir avec une sauce au curcuma et une salade de votre choix.

Vin : Côte du Roussillon blanc.

Damien Corvazier

Tarte au chocolat caramélia à la fève tonka

Pour la pâte à tarte, bien blanchir la purée d'amande avec le sucre. Y ajouter le beurre ramolli, le sel, l'œuf et la farine d'épautre. La laisser reposer au froid pendant 3 h.

Pour la crème d'amande, bien blanchir au fouet le beurre et le sucre de canne puis ajouter l'amande en poudre. fouetter encore et ajouter les œufs.

Pour l'appareil à chocolat, dans une petite casserole, faire tiédir le tofu avec les fèves de tonka hachées au couteau. Ajouter le chocolat et bien fouetter puis émulsionner au mixeur.

Étaler la pâte bien froide sur une épaisseur d'environ 2 mm. Placer les 6 cercles bien espacés sur l'abaisse. Couper la pâte à l'aide d'un couteau, en laissant au moins 3 cm de marge autour du cercle. Déposer les fonds de tartes dans vos cercles, bien les descendre au fond en épousant le bord. Couper à l'aide d'un couteau le surplus de pâte. Piquer le fond avec une fourchette puis étaler la crème d'amande sur 3 mn environ. Cuire au four jusqu'à coloration puis presser la crème d'amande qui aura gonflé à l'aide d'une cuillère. Ajouter l'appareil chocolat tonka, remettre au four environ 12 mn puis réserver et servir à température ambiante.

Décorer avec des noisettes caramélisées et des fruits.

Vin : Porto rouge.

6 personnes

Pâte à tarte :

270 g de farine d'épautre
50 g de purée d'amande
90 g de sucre de canne complet
200 g de beurre
sel de Guérande,
1 œuf
6 cercles à tartelettes

Crème d'amande :

100 g beurre
80 g de sucre de canne complet
100 g d'amande en poudre
2 œufs moyens

Appareil chocolat tonka :

400 g de tofu soyeux
4 fèves tonka
60 g de sucre de canne complet
90 g de chocolat noir
90 g de chocolat caramel

Les Poésies Palatines

Saint-Ouen-en-Belin

La vie réserve parfois des surprises et Catherine Beauger en sait quelque chose. En effet, rien ne prédestinait cette femme, originaire de Parigné-l'Évêque, à devenir chef et encore moins la première femme membre des 19 Bonnes tables sarthoises.

Comme souvent, petite fille, elle aidait sa mère en cuisine mais elle n'envisageait pas d'en faire son métier. Elle entama des études pour être secrétaire médicale et passa également le concours d'infirmière avant de se rétracter, parce qu'elle ne souhaitait pas travailler durant le week-end.

Elle aime manger depuis toujours, surtout ce qu'elle a préparé et si vous lui demandez de vous raconter un souvenir d'enfance culinaire, elle vous parle sans hésiter de sa charlotte à la banane. Aujourd'hui encore il faut l'entendre vous conter les plats qu'elle cuisine : à chaque nouvelle recette, elle se régale. Et ne croyez pas que cette femme soit narcissique, elle est même tout le contraire, mais elle doit d'abord aimer pour que vous puissiez apprécier à votre tour. C'est le secret des grands chefs : goûter encore et toujours ; faire apprécier un plat, c'est avant tout le connaître et l'aimer.

Son premier engagement professionnel est important puisqu'elle entre aux Comptoirs modernes en tant que comptable et pour 29 ans et demi jusqu'à la fermeture de l'enseigne et son licenciement. Au cours de toutes

ces années, elle reçoit beaucoup chez elle et chacun des repas qu'elle prépare pour ses amis ou sa famille est une fête. À travers les magazines et les livres de cuisine, elle forge son identité culinaire : la cuisine traditionnelle, le sucré-salé, l'exotique et aussi la cuisine des épices grâce à une amie néocalédonienne, restauratrice dans la Creuse.

Ses amis l'encouragent à ouvrir son restaurant mais il est encore trop tôt pour Catherine Beauger. Dans les années 2000, elle surfe plutôt sur la vague de la cuisine à domicile et monte sa propre entreprise. Rapidement, elle étoffe sa clientèle et monte en gamme. Son pari est plutôt réussi et les retours positifs de ses prestations contribuent à lui faire prendre conscience qu'elle est une véritable cuisinière.

À cette époque, son destin s'accélère : son mari est licencié à son tour et ils décident de transformer leur maison en restaurant. Les dés sont jetés : cette idée un peu folle va s'avérer gagnante, malgré des débuts un peu difficiles pour deux novices dans la profession.

Depuis 2006, leur salon s'est transformé en salle de restaurant, leur cuisine est devenue professionnelle et la chef n'a cessé de progresser. Et ce n'est pas un hasard si l'association des 19 Bonnes tables sarthoises leur propose de la rejoindre à l'unanimité des membres, comme le veut la tradition. Cette distinction l'a d'autant plus émue qu'elle ne fait pas partie du sérail. L'association a reconnu en elle les valeurs propres à tous les grands chefs : le savoir-faire, le respect du produit et du client ainsi que la maîtrise du métier.

Dans l'une des plus belles salles de restaurant sarthois qui garde des allures de salon privatif, vous serez accueilli comme le palatin servait son prince : autour d'un repas qui se décline en poèmes. Bienvenue chez Catherine Beauger aux *Poésies Palatines*.

Catherine Beauger

Papillotte de cabillaud aux légumes exotiques

4 personnes

600 g de dos de cabillaud ou 4 morceaux
2 patates douces
1/2 chou chinois
1 banane plantain
1 igname
25 cl de lait de coco
25 cl de crème liquide
1 bâton de citronnelle
1 morceau de gingembre
sel, poivre

Éplucher tous les légumes.

Couper en grosses rondelles les patates douces et les plonger 5 mn dans l'eau bouillante salée pour les précuire. Les retirer et les plonger dans l'eau glacée quelques secondes. Faire de même avec la banane plantain et l'igname qui cuisent un peu plus longtemps.

Couper le 1/2 chou chinois en petits morceaux et le précuire 2 mn.

Saler et poivrer les dos de cabillaud.

Pour la cuisson, poser les rondelles de patates douces sur le support de la papillote (papier sulfurisé, papier carta fata ou feuille de bananes), le chou chinois, un morceau d'igname, deux rondelles de banane plantain et pour finir un morceau de dos de cabillaud. Fermer la papillote.

Enfourner la papillote à 180°C pendant une dizaine de minutes.

Préparer la sauce en mettant dans une casserole le lait de coco, la crème liquide, la branche de citronnelle, le morceau de gingembre et laisser réduire sur le feu très doux.

À la sortie du four, ouvrir la papillote et ajouter la sauce.

Vin : Sancerre blanc.

Catherine Beauger

Escargots mijotés, crumble, aumônière et sauce persil

Pour réaliser le crumble, hacher finement le persil et l'ail. Malaxer avec le beurre. Saler et poivrer. Réserver au frais 1/2 h. Préchauffer le four à 200° C. Mélanger la farine, la chapelure et le beurre refroidi du bout des doigts pour obtenir du "sable" grossier. L'étaler sur du papier sulfurisé posé sur une plaque allant au four. Cuire 15 mn. Émietter à la sortie du four.

Pour préparer le mijoté d'escargots, faire fondre du beurre dans une poêle. Suer une échalote ciselée, les carottes coupées en petits bâtonnets et le persil haché. Ajouter les lardons et les 24 escargots. Laisser cuire quelques minutes. Déglacer avec le Jasnières. Faire légèrement réduire et ajouter la crème. Laisser réduire jusqu'à obtenir une sauce onctueuse. Saler et poivrer. Répartir dans 4 cassolettes.

Pour les escargots en aumônière, fondre du beurre dans une poêle et y mettre l'échalote ciselée, les 16 escargots et du persil haché. Saler et poivrer. Réserver. Beurrer les feuilles de brick sur chaque face puis placer au centre 4 escargots avec échalotes et persil. Remonter les bords. Les attacher avec le lien de réglisse.

Pour la sauce au persil, faire chauffer la crème et mettre à cuire 3 mn le persil coupé grossièrement. Mixer cette préparation et la passer pour en retirer tous les filaments. Saler et poivrer.

Pour finir, mettre au four les 4 petites cassolettes ainsi que les aumônières jusqu'à ce qu'elles brunissent. À la sortie du four, poser du crumble sur les cassolettes.

Vin: Jasnières.

4 personnes

Cassolettes :
24 escargots de Bourgogne
10 cl de Jasnières, 50 g de lardons
1 bouquet de persil, 1 échalote
1 carotte, 20 cl de crème, beurre

Aumônières :
16 escargots, 1 échalote
persil, sel, poivre
4 feuilles de brick
4 liens (réglisse en ruban)

Crumble :
50 g de farine
50 g de chapelure de pain
50 g de beurre 1/2 sel
2 gousses d'ail
un bouquet de persil, sel, poivre

Sauce au persil :
10 cl de crème et du persil

Le Restaurant de Tante Léonie
Connerré

Arnaud Lecossier a passé toute son enfance dans une ferme. Entre le potager et la cuisine, distants seulement de quelques mètres : une cour et un tas de sable où un garçonnet de 4 ans empruntait à sa grand-mère des moules à savarin pour réaliser ses premiers gâteaux.

Certes, ils étaient de sable, mais l'intention est déjà présente et elle ne le quittera jamais. Arnaud Lecossier est pour ainsi dire né cuisinier.

Il se souvient de l'odeur du chocolat du matin préparé avec le lait de ferme de ses parents, de l'aide qu'il apportait à sa mère pour écrémer le lait et de la fabrication du beurre. Sa grand-mère préparait les légumes du jardin et les lapins et poulets de la ferme. À l'époque, dans les fermes, on vivait presque en autosuffisance et l'éducation qu'il a reçue lui a donné le sens du sacrifice et l'amour du travail bien fait. Aujourd'hui, il sait reconnaître un bon produit et c'est souvent la qualité première d'un chef.

Après son apprentissage au *Chapeau Rouge* à Vibraye, comme un certain Jean-Marie Fontaine (*Le Bretagne* à Sillé-le-Guillaume), il se rend à Paris, ainsi que beaucoup de jeunes Sarthois, et commence son prestigieux parcours au Georges V. Situé entre les Champs-Élysées et les bords de Seine, cet hôtel est l'un des plus beaux palaces de la capitale et attire une clientèle de luxe venant du monde entier. Pour Arnaud Lecossier, habitué à la terre battue de la ferme familiale,

la surprise est grande de marcher tous les jours sur du marbre ; il a alors à peine 18 ans. Il y connaît les dîners monumentaux avec 120 personnes en cuisine et le double en salle. Il garde, aujourd'hui, dans son restaurant de Connerré, le même souci du travail carré et propre où chaque client doit être logé à la même enseigne.

Il perfectionne ensuite son travail dans l'excellence au Lutétia, un autre grand palace parisien de la Rive-gauche.

Puis on lui propose de rejoindre la brigade d'Alain Sendorens (3 étoiles au *Michelin*, 19/20 au *Gault et Millau*). À l'époque, le *Lucas Carton* est l'un des meilleurs restaurants au monde. Il y apprend l'amour du produit et la rigueur, et si aujourd'hui il peut envoyer 60 couverts avec seules deux personnes en cuisine, c'est grâce aux techniques d'organisation millimétrées qu'il a apprises dans cette formidable maison.

Cependant, Arnaud Lecossier reste un homme modeste qui n'oublie jamais d'où il vient et sa plus grande fierté est d'avoir repris en 2006 le *Restaurant de Tante Léonie* à Connerré avec son épouse Marina, autodidacte, qui gère la salle. Il rend hommage à son professionnalisme et à son sens de l'accueil car pour lui, le restaurant est un équilibre, une alchimie entre la cuisine et la salle. Je pense qu'il a réussi son pari.

Sa cuisine est simple et toujours à base de produits frais provenant le plus souvent du marché ou de producteurs locaux qu'il aime mettre en avant. Arnaud Lecossier est Sarthois et fier de l'être ; il aimerait que celles et ceux qui font la richesse de ce département soient plus reconnus au-delà de nos frontières car, ils le méritent tous, comme lui.

Arnaud Lecossier

Mille-feuille "connerréen"

1 personne

3 abaisses de feuilletage
(8 cm par 8 cm)
100 g de chou à choucroute cuisiné à la graisse de canard
120 g de rillettes du Mans à l'ancienne
1 tranche de fromage de chèvre frais style bouchon
30 cl de vin rouge
20 cl de jus de veau
15 g de beurre
2 gousses d'ail pilé
sel, poivre

Pour la décoration :

quelques herbes fraîches, poivrons coupés en dés

Pour préparer la sauce, mettre le vin rouge à réduire de moitié pour faire évaporer l'alcool, y ajouter le fond de veau, de nouveau réduire pour que la sauce devienne onctueuse puis la monter avec le beurre coupé en petits dés très froids. Finir avec l'ail pilé.

Pour le mille-feuille, cuire le feuilletage – entre deux plaques pour que celui-ci ne prenne pas trop de volume – une dizaine de minutes à 180° C. Pendant ce temps, mettre le chou et les rillettes à chauffer séparément dans 2 casseroles. Une fois le feuilletage cuit, placer le fromage de chèvre sur l'une des abaisses et la remettre au four quelques instants à 160° C.

Commencer le montage en plaçant une abaisse sur l'assiette, puis la moitié du chou et les rillettes. Recommencer l'opération avec la deuxième abaisse. Retirer du four l'abaisse avec le fromage puis la poser dessus.

Décorer avec les dés de poivron et quelques brins de ciboulette.

Vin : Loire blanc.

Arnaud Lecossier

Profiteroles au chocolat

Pour la pâte à choux, mettre dans une casserole l'eau, le sucre, le sel, le beurre. Porter le tout à ébullition, ensuite incorporer la farine et la travailler à la spatule. Dessécher la préparation sur le feu. Elle doit former une boule homogène.

Mettre dans un cul-de-poule la pâte puis incorporer les œufs un à un. Les dresser sur une plaque recouverte d'un papier sulfurisé à l'aide d'une poche à douille sur 4 cm de diamètre et environ 1 cm de hauteur en les espaçant suffisamment pour ne pas qu'ils se collent pendant la cuisson. Avec un pinceau, dorer les choux au jaune d'œuf, puis enfourner à 170, 180° C pendant 25, 30 minutes.

Pour la sauce chocolat, faire fondre le chocolat au bain-marie puis ajouter le lait.

Montage des profiteroles : couper les choux en deux, déposer une boule de glace dans chaque chou. Mettre le chocolat chaud dans un petit pichet et arroser les profiteroles de chocolat à volonté.

Vin : Madiran liquoreux rouge.

15 pièces

25 cl d'eau
une pincée de sel
15 g de sucre semoule
60 g de beurre
125 g de farine
4 œufs moyens
glace vanille

Sauce chocolat :
250 g de chocolat
15 cl de lait

Le Restaurant du Dauphin
La Ferté-Bernard

David Guimier n'a aucune explication rationnelle quant à son choix de devenir cuisinier. La vocation arrive parfois comme un appel sans que l'on sache vraiment pourquoi, mais une fois émise, on ne peut aller à contre-courant. Il a d'abord voulu être éboueur, puis curé, avant d'arrêter son choix à l'âge de 8 ans : ce sera en fin de compte cuisinier ! Pourtant, dans son entourage, aucun chef, si ce n'est une maman bonne cuisinière qui lui offre assez tôt des livres de cuisine pour enfants. Qu'à cela ne tienne, il commence ses expériences culinaires et ses deux sœurs vont lui servir de cobayes pour goûter le meilleur comme le pire, tant il déborde déjà de créativité.

Tout naturellement, après la 3e, il entame son apprentissage au restaurant *La Foresterie* du Mans, tenu alors par Jean-Paul Hennin puis enchaîne avec un CAP.

Comme beaucoup de jeunes de sa profession, il travaille d'abord à Paris. Après l'armée, il est embauché à *La Perdrix*, restaurant réputé de La Ferté-Bernard, avant de quitter à nouveau la Sarthe pour *Le Clos de Chevreuse*, dans la vallée du même nom. Le chef d'alors André, Desnoyers, est un Sarthois pur jus. Il propose à ses clients la fameuse "marmite sarthoise" et leur vante les mérites du Jasnières. Dans cette enclave sarthoise, David Guimier apprend la cuisine gastronomique de tradition. Il découvre

Rungis, le plus grand marché de produits frais au monde, qu'il qualifie de "magique" et y apprend à différencier l'excellence de la médiocrité. En se frottant aux produits bruts, on apprend à les magnifier.

À 24 ans seulement, il rachète un des restaurants les mieux placés de La Ferté-Bernard, à deux pas de la porte Saint-Julien, en plein quartier piétonnier. Il a mis également, aidé par sa femme, un point d'honneur à rendre chaleureux l'intérieur de la maison Renaissance dans laquelle son entreprise est installée. Il reprend le flambeau de cet ancien relais de poste, vieux de 300 ans et y fait évoluer sa cuisine au gré de ses inspirations, depuis déjà 15 ans.

Au *Restaurant du Dauphin*, la cuisine servie est raffinée. Elle allie justesse, touche inventive, terroir et produits du monde. Le chef n'a aucune préférence dans ses préparations. Il aime autant travailler un bel artichaut qu'une dorade ou qu'une fraise en pleine maturité.

Il lui tient à cœur de transmettre à ses apprentis le bonheur de cuisiner, il considère son restaurant comme un ensemble cohérent entre l'équipe en salle, dirigée par sa femme, et celle des fourneaux. Cet homme simple ne court après aucun hommage, ni étoile, ni récompense. Il sait que la plus belle est celle qu'il reçoit chaque jour de sa clientèle.

David Guimier

Soupe d'huîtres glacée et cromesquis de crevettes

4 personnes

Soupe d'huîtres :
2 douzaines d'huîtres
2 échalotes ciselées
250 g environ de crème liquide
aneth

**Cromesquis
de crevettes grises :**
250 g de pommes de terre charlotte
2 gousses d'ail
100 g de crevettes grises décortiquées
1/2 botte de ciboulette
2 œufs battus
1 l d'huile pour friture
farine de blé noir
chapelure
huile d'olive
gros sel

Ouvrir les huîtres au-dessus d'un saladier afin de récupérer le jus ; à l'aide d'une cuillère, enlever l'huître de sa coquille. Filtrer le jus puis ajouter les échalotes, faire bouillir, réduire d'un tiers. Mettre les huîtres dans un récipient et verser le jus bouillant sur celles-ci. Laisser refroidir au réfrigérateur pendant 1 heure.

Pendant ce temps, cuire les pommes de terre en robe des champs avec les gousses d'ail épluchées. Une fois cuites, éplucher les pommes de terre et les écraser avec les gousses d'ail à la fourchette. Ajouter de l'huile d'olive et garder une consistance assez ferme, mettre la ciboulette, les crevettes grises (ou bigorneaux) et rectifier l'assaisonnement. Faire des petites boules de la taille d'une noix, les rouler dans la farine, l'œuf battu, la chapelure et à nouveau dans l'œuf battu et la chapelure.

Sortir la soupe d'huîtres du réfrigérateur, la mixer au blender en ajoutant la crème liquide bien froide jusqu'à obtention d'une consistance mousseuse (si les huîtres sont très iodées, rallonger avec un peu plus de crème à votre goût). Avant de servir, frire 3 cromesquis par personne dans une huile de friture de façon à obtenir une couleur dorée. Servir la soupe d'huîtres glacée dans une assiette creuse avec quelques brins d'aneth et les cromesquis bien chauds dans les coquilles d'huîtres.

Vin : Muscadet Sèvre et Maine blanc.

David Guimier

Filet d'agneau en croûte de pommes de terre

Jus d'agneau : faire revenir les parures d'agneau avec les carottes, l'oignon, l'ail, le thym puis couvrir d'eau. Laisser cuire 2 heures. Passer au chinois et réduire jusqu'à ce que la sauce ait une consistance sirupeuse. Réserver.

Saisir le filet d'agneau au beurre dans une poêle pendant 2 minutes sur toutes ses faces. Le tailler en 4 portions identiques. Réserver.

Croûte de pommes de terre : peler, laver, râper les pommes de terre puis assaisonner. Faire chauffer dans une poêle beurre et huile et réaliser une galette de pommes de terre pas trop cuite de façon à rouler le filet d'agneau dedans. Renouveler l'opération pour chacun des filets. Poser sur une plaque et réserver.

Pour réaliser le mille-feuille de légumes, tailler ces derniers en rondelles d'1 cm d'épaisseur, les poêler à l'huile d'olive les uns après les autres, les assaisonner. Les monter par couches successives et piquer l'ensemble avec une branche de romarin ou une longue pique en bois. Passer au four à 160° C pendant 10 mn avec le filet d'agneau en croûte.

Vin : Bordeaux rouge (Haut Médoc).

4 personnes

1 carré d'agneau (13 côtes) à faire désosser et rouler par votre boucher (garder os et parures pour la sauce).
50 g de carottes
50 g d'oignons
1/2 tête d'ail
1 branche de thym
1 kg de pommes de terre charlotte
beurre
huile

Mille-feuille de légumes :
2 tomates
1 aubergine
1 courgette
2 poivrons
romarin

Le Vieux Moulin de Neuville

Neuville-sur-Sarthe

Du haut de ses 8 ans dans ses Hautes-Alpes natales, Valérie Cotton confectionnait déjà la béchamel pour aider sa mère, puis les pâtisseries durant le week-end pour toute la maison. Les repas familiaux sont souvent affaire de femmes, alors pourquoi ne pas en faire son métier ?

Mais elle a dû batailler un peu plus que les autres pour s'imposer comme un vrai chef : curieusement, les femmes n'étaient pas les bienvenues en cuisine, il y a une vingtaine d'années. Elle fréquente alors la très réputée École hôtelière de Thonon-les-Bains pour une formation mixte, cuisine et service. Où on lui fait vite comprendre qu'il serait plus judicieux de s'orienter vers la salle. Aujourd'hui les mentalités évoluent lentement, quelques femmes réussissent cependant à s'imposer en tant que chefs, Hélène Darroze ou Catherine Pic en représentent de beaux exemples mais elles le font souvent au détriment d'une vie de famille et Valérie Coton en a bien conscience.

Après ses études et avec son mari (connu à Thonon) qui, lui, se spécialise dans la réception, elle part en Angleterre où la clientèle est plutôt friande de la cuisine française et travaille dans la magnifique demeure du XIXe siècle du *Ashdown Park Hôtel* au Sud de Londres où elle est toujours en salle ; elle ne cuisine encore qu'en amateur.

Après un passage en Espagne, en 2002, elle réalise son rêve d'enfance avec son mari : ils tombent tous les deux

amoureux du superbe moulin datant du XVIe siècle de Neuville-sur-Sarthe qu'ils décident de prendre en location-gérance. Changement de vie, de pays et de métier pour Valérie, elle peut enfin s'exprimer derrière un fourneau. Mais malgré ses bases solides, les débuts sont un peu compliqués et elle se fait épauler par une autre femme chef qui, comme elle, rencontrait des difficultés à se faire une place dans ce monde d'hommes.

Du céteau, petit poisson que vous ne mangerez que chez elle, au ferra, poisson star des lacs de montagnes ; des produits oubliés comme les joues de porc confites, savamment revisitées, aux assaisonnements raffinés, Valérie mélange les formes, les couleurs et les goûts. Elle aime surprendre mais toujours en douceur.

En salle, c'est son mari, grand spécialiste des vins et amoureux de la Loire et de ses affluents, qui vous guidera pour les accords mets-vins et qui vous fera découvrir des flacons qu'il sélectionne avec le plus grand soin.

Valérie Cotton a conscience de travailler dans un cadre idyllique : depuis les petites fenêtres de sa cuisine, elle voit la Sarthe sous ses plus beaux atours. Est-ce pour cette raison qu'elle apprécie par-dessus tout cuisiner le poisson et qu'elle en a fait un menu "Je me jette à l'eau" ? Ce qui est certain, c'est qu'elle met beaucoup d'amour dans ses plats comme une maman avec ses petits ; c'est peut-être ça, le supplément d'âme des femmes en cuisine.

Valérie Cotton

Feuilleté de joues de porc, sauce Porto et cacao

4 personnes

500 g de joues de porc
2 kg de graisse d'oie
thym, laurier, 5 baies de poivre
une demi-boule de céleri
3 dl de fond de volaille brun
5 cl de crème de cacao
5 cl de Porto rouge
80 g de petits pois
80 g de pois gourmands
pâte feuilletée épaisse
160 g d'épinards
1 cuillère de crème épaisse

Faire confire la joue de porc dans la graisse 24 h avant, avec le laurier, le thym, les 5 baies de poivre et le sel. La cuisson doit être très lente, sans bouillon, avec immersion totale de la joue dans la graisse. Le procédé dure jusqu'à ce que les joues soient tendres à cœur. Comptez en général 1 bonne heure.

Couper quatre triangles dans la pâte feuilletée. Dorer au jaune d'œuf, saupoudrer de paprika et de graines de pavot. Les enfourner dans un four à 180° C pendant 15 minutes puis laisser reposer 5 minutes dans le four éteint avant de les sortir.

Pendant ce temps, préparer une purée de céleri : l'éplucher et le détailler en gros cubes puis le faire cuire dans le lait pendant 45 mn. Égoutter et mixer en réintégrant le lait jusqu'à obtenir une pâte semi-épaisse. Saler et poivrer. Écosser les petits pois, les ébouillanter pendant 5 minutes. Ébouter les pois gourmands et les ébouillanter 5 minutes. Laver et équeuter les épinards, les cuire dans une casserole avec la crème, la noix de muscade, le sel et le poivre.

Confectionner la sauce en réduisant le fond de volaille avec la crème de cacao et le Porto rouge.

Ouvrir le triangle de feuilletage en deux, le faire chauffer, le garnir avec les épinards, la joue de porc coupée en lamelles, une cuillère de purée de céleri, refermer, parsemer autour vos pois gourmands et petits pois. Terminer par un filet de sauce.

Vin : Coteaux du Loir rouge.

Valérie Cotton

Brochette de joues de lotte sauce concombre

La sauce concombre doit être réalisée 24 h avant. Épépiner le concombre, garder la peau, le mixer avec les herbes, la mayonnaise et rajouter la crème liquide. Ajouter le curry, le sel et le poivre.

Préparer la compotée : râper les carottes et les cuire à la vapeur 5 minutes. Émincer le fenouil et le cuire à la vapeur 10 minutes. Faire chauffer les deux légumes avec de l'anis dans du beurre, à couvert.

Couper les cocos plats en dés de 1 à 2 cm de longueur, les ébouillanter dans de l'eau salée pendant 5 mn.

Tailler les courgettes en tagliatelles puis les cuire à la vapeur 5 mn.

Détailler la joue de lotte en cubes de 1 cm d'épaisseur, les fariner, saler et poivrer, puis les enfiler sur des piques en bois et les faire revenir dans du beurre et de l'huile d'olive pour les colorer et les cuire pendant 5 mn.

Faire un cercle avec la compotée de carotte et le fenouil, asseoir la brochette au-dessus, disposer les petits légumes autour puis napper la brochette avec la sauce.

Vin : Jasnières.

4 personnes

Sauce concombre :
75 g de concombre
vinaigre blanc balsamique
basilic
estragon
60 g de mayonnaise
60 cl de crème liquide
curry

Joues de lotte :
600 g de joues
200 g de carottes
200 g de fenouil
100 g de cocos plats
100 g de courgette
anis moulu
farine et beurre pour la cuisson

Contacts

Auberge des Acacias
Le Bourg - 72270 Dureil
Site Internet: www.auberge-des-acacias.fr
Tél.: 02 43 95 34 03

Auberge de la Foresterie
Route de Laval - 72000 Le Mans
Site Internet: www.aubergedelaforesterie.com
Tél.: 02 43 51 25 12 - 02 43 51 25 00
Fax: 02 43 28 54 58

Auberge de la Grande Charnie
35 avenue de la Liberation -
72350 Saint-Denis-D'Orques
Site Internet: www.aubergedelagrandecharnie.com
Tél.: 02 43 88 43 12

Auberge des Matfeux
289 avenue Nationale - 72230 Arnage
Site Internet: www.aubergedesmatfeux.fr
Tél.: 02 43 21 10 71 - Fax: 02 43 21 25 23

Authentique (L')
6 rue de la Vieille-Porte - 72000 Le Mans
Site Internet: www.authentique-mans.com
Tél.: 02 43 23 80 55 - Fax: 09 81 70 20 73

Beaulieu (Le)
3 place des Ifs - 72000 Le Mans
Mail: boussard.olivier@9business.fr
Tél.: 02 43 87 78 37 - Fax: 02 43 87 78 27

Bretagne (Le)
1 place de la Croix d'Or - 72140 Sillé-le-Guillaume
Site Internet: www.hotelsarthe.com
Tél.: 02 43 20 10 10 - Fax: 02 43 20 03 96

Chez Miton
15 place de l'Église - 72340 Chahaignes
Tél.: 02 43 44 62 62 - Fax: 02 43 44 25 05

Cochon d'Or (Le)
49 route de Paris - 72470 Champagné
Site Internet: www.lecochondor.fr
Tél.: 02 43 89 50 08 - Fax: 02 43 89 79 34

Fontaine des Saveurs (La)
43 rue Arcole - 72000 Le Mans
Site Internet: www.fontaine-des-saveurs.fr
Tél.: 02 43 24 55 91

Hôtel Ricordeau
13 rue de la Libération - 72540 Loué
Site Internet: www.hotel-ricordeau.fr
Tél.: 02 43 88 40 03 - Fax: 02 43 88 62 08

Hôtel Saint-Jacques
Place du Monument - 72160 Thorigné-sur-Dué
Site Internet: www.hotel-sarthe.fr
Tél.: 02 43 89 95 50 - Fax: 02 43 76 58 42

Jardin sur le Pouce (Le)
83 boulevard Marie et Alexandre Oyon -
72000 Le Mans
Site Internet: www.jardin-pouce-restaurant.com
Tél./fax: 02 43 86 11 20

Maison d'Élise (La)
8 rue du Doyenné - 72000 Le Mans
Site Internet: www.restaurant-lamaisondelise.fr
Tél.: 02 43 47 85 11 - Fax: 02 43 87 16 53

Mères Cocottes (Les)
9 rue Alexis de Tocqueville -
72340 Beaumont-sur-Dême
Site Internet: www.lesmerescocottes.fr
Tél./fax: 02 43 46 80 52

Moulin des Quatre Saisons (Le)
Rue Gallieni - 72200 La Flèche
Site Internet: www.moulindesquatresaisons.com
Tél.: 02 43 45 12 12 - Fax: 02 43 45 10 31

Panier Fleuri (Le)
1 avenue de Bretagne - 72160 Sceaux-sur-Huisne
Mail: papoum@wanadoo.fr
Tél.: 02 43 93 40 08

Parvis Saint-Hilaire (Le)
7 place Saint-Hilaire - 72000 Le Mans
Tél.: 02 43 28 92 55

Poésies Palatines (Les)
L'Aunay - 72220 Saint-Ouen-en-Belin
Site Internet: www.poesies-palatines.com
Tél.: 02 43 87 63 85

Restaurant de Tante Léonie (Le)
58 rue de Paris - 72160 Connerré
Mail: lecossierarnaud@orange.fr
Tél.: 02 43 89 06 54

Restaurant du Dauphin (Le)
3 rue d'Huisne - 72400 La Ferté-Bernard
Site Internet: www.restaurant-du-dauphin.com
Tél.: 02 43 93 00 39 - Fax: 02 43 71 26 65

Vieux Moulin de Neuville (Le)
Le Vieux Moulin - 72190 Neuville-sur-Sarthe
Mail: levieuxmoulindeneuville@wanadoo.fr
Tél.: 02 43 25 31 84

Glossaire

Abaisse : morceau de pâte (brisée, feuilletée, sablée ou sucrée) amincie et allongée à l'aide d'un rouleau à pâtisserie de l'épaisseur et de la forme désirées.

Appareil : mélange de différents ingrédients constituants la base d'une recette.

Barder : entourer d'une tranche de lard gras coupée très mince une viande, une volaille ou un gibier, dans le but d'éviter le dessèchement durant la cuisson.

Blanchir : cuire quelques minutes dans une grande quantité d'eau salée (départ eau froide) jusqu'à une température avoisinant l'ébullition. Ce terme désigne également le travail au fouet des œufs ou des jaunes avec du sucre, jusqu'à ce que le mélange devienne blanc et mousseux.

Chinois : cône métallique formant une fine passoire et servant à tamiser les sauces.

Cromesquis : petits mélanges de viande ou de poisson lié avec une sauce réduite et des jaunes d'œuf. Ils seront ensuite traités à la friture.

Cul-de-poule : récipient généralement en inox. Il a la forme d'un saladier avec un fond arrondi. Il est souvent utilisé en pâtisserie.

Déglacer : dissoudre dans un liquide (eau, vin blanc, fond de veau…) les sucs caramélisés au fond d'un récipient.

Dresser : disposer les mets sur les plats ou les assiettes de service.

Effeuiller : séparer en quartiers le chapeau des champignons. Se dit aussi pour séparer les chairs d'un poisson.

Lécithine de soja : lipide présent dans le jaune d'œuf, le soja ou le tournesol.

Liaison : mélange de plusieurs ingrédients comme la crème ou le beurre, destiné à donner de la consistance à un liquide pour les sauces ou les potages.

Manchonner : dégager la chair qui recouvre certains os (côtelettes, côtes, pilons ou ailes de volaille) pour en favoriser la présentation.

Marquer : saisir un aliment dans un corps gras avant sa cuisson définitive.

Mignonnette : poivre concassé.

Mirepoix : garniture aromatique taillée en dés et rissolées, composée généralement de carottes, d'oignons, de céleri, de poitrine de porc et d'un bouquet garni.

Monder : action de peler une tomate après l'avoir trempée quelques secondes dans une eau bouillante puis glacée.

Nacrer : faire revenir lentement et sans coloration du riz non lavé dans de la matière grasse. L'amidon se transforme alors et le riz prend une teinte proche de la nacre.

Napper : recouvrir un aliment de sauce ou de crème.

Parer : supprimer les parties non comestibles ou non présentables d'un aliment.

Poche à douille : sac conique muni d'en embout appelé douille. Celle-ci est souvent utilisée en cuisine pour décorer ou garnir des mets.

Pocher : cuire un aliment dans un liquide dont la température est légèrement inférieure à celle de l'ébullition.

Réserver : en cours de recette, mettre de côté préparations ou aliments, afin de les utiliser ultérieurement.

Roux : mélange de matière grasse (le plus souvent du beurre fondu sur le feu) à de la farine, ensuite coloré à feu moyen. On distingue le roux blanc, blond ou brun selon la cuisson qu'il a subie. Le roux est toujours constitué d'autant de beurre que de farine. C'est ce qu'on appelle un "tant pour tant". Mouillé par du vin, de l'eau, un bouillon, du lait, un fumet, etc. (en quantité variable en fonction de l'emploi), ce liant permet d'obtenir une sauce.

Suer : faire chauffer tout en remuant un aliment dans un corps gras (huile, beurre…), afin d'en concentrer les sucs.

Tomber : cuire à feu doux des végétaux riches en eau pour provoquer leur diminution.

Index des recettes

Entrées

Tartine de rouget au pistou
et saumon fumé .... p. 18

Gourmandise de gambas et foie gras .... p. 24

Saint-Jacques aux asperges vertes .... p. 42

Salade de ravioles de ris de veau
aux pleurotes .... p. 60

Langoustines bretonnes rôties
à la royale de fèves .... p. 72

Piperade aigre-douce de thon .... p. 79

Marbré de camembert .... p. 108

Terrine de légumes
au quinoa et curcuma .... p. 114

Escargots mijotés, crumble,
aumônière et sauce persil .... p. 121

Soupe d'huîtres glacée
et cromesquis de crevettes .... p. 132

Brochette de joues de lotte
sauce concombre .... p. 139

Plats

Côtes de porc fermier,
herbes et trilogie de liliacées .... p. 12

Paleron de bœuf braisé
et poêlée à la vigneronne .... p. 19

Poitrine de poularde en pot-au-feu .... p. 25

Saumon bio d'Irlande
sauce crémeuse aux girolles .... p. 30

Saint-Jacques à la crème
de corail et au safran .... p. 36

Magret de canard
et pommes au beurre vanille .... p. 37

Homard rôti aux morilles .... p. 43

Pigeonneau aux petits légumes .... p. 48

Filet mignon,
crème de curcuma au lait de coco .... p. 54

Pièce de bar rôti
aux petits légumes à la coriandre .... p. 66

Canette en deux cuissons
et escalope de foie gras .... p. 73

Poitrine de cochon
en cuisson de sept heures .... p. 78

Dorade marinée façon saltimbocca .... p. 84

Fondant de poulet fermier
aux légumes de printemps .... p. 90

Ragoût d'agneau en persillade .... p. 96

Saint-Pierre cuit meunière
et son risotto exotique .... p. 102

Côtes de veau au miel,
pommes et courgettes .... p. 109

Papillotte de cabillaud
aux légumes exotiques .... p. 120

Mille-feuille "connerréen" .... p. 126

Filet d'agneau
en croûte de pommes de terre .... p. 133

Feuilleté de joues de porc,
sauce porto et cacao .... p. 138

Desserts

Poêlée de fraises à la rhubarbe
et citrons semi-confits .... p. 13

Poires rôties au miel et aux épices .... p. 31

Confiture de fraises à la vanille .... p. 49

Terrine de chocolat aux spéculoos .... p. 55

Moelleux aux griottes,
tulipe de glace vanille .... p. 61

Crémeux à la lavande .... p. 67

Tarte aux nectarines .... p. 85

Entremets aux reinettes du Mans
et pralines roses .... p. 91

Tarte cocotte .... p. 97

Tartelette aux abricots .... p. 103

Tarte au chocolat caramélia
à la fève tonka .... p. 115

Profiteroles au chocolat .... p. 127

Remerciements

À tous les chefs pour leur disponibilité et leur sympathie.

À Thierry Steiner, directeur de France Bleu Maine pour sa confiance et son soutien.

À Gilles pour son coup d'œil, ses coups de coude et pour nos futurs coups de fourchettes.

À Karim Karoum pour sa pointilleuse sélection et sa science des accords mets et vins.

Merci à Nathalie de la librairie Thuard pour ses précieux conseils.

Merci enfin à ma grand-mère Marguerite pour ses riz-au-lait, ses compotes et ses frites et à mon fils Garance qui m'ont donné envie d'écrire ce livre.

Tous droits de traduction, d'adaptation et de reproduction,
sous quelque forme que ce soit, réservés pour tous pays.
Photographies non contractuelles.

Conception et maquette :
Jean-Luc Prou/Éditions de La Reinette
21, rue de Portland, BP 29011 - 72009 Le Mans cedex 1
Tél. : 02 43 87 58 63 - Fax : 02 43 23 12 41 - Email : editions-de-la-reinette@wanadoo.fr

Site internet : http://www.editionsreinette.com

Fabrication : T.F. Production By T.F.C. - Philippe Diogène - Tél. : 01 40 20 12 46
Imprimé en France en octobre 2011
ISBN : 978-2-913566-65-1